LOS
CANTORES
DE LA SIERRA

ANTOLOGÍA DE LA POESÍA CASTELLANA
DE LAS MONTAÑAS IBÉRICAS DESDE EL SIGLO XIV

Edición de
Juan Bautista Bergua,
Ediciones Ibéricas

Recopilación por
J. García Mercadal,
Escritor y Periodista

Colección La Crítica Literaria
www.LaCriticaLiteraria.com

Copyright del texto: ©2011 Ediciones Ibéricas
Ediciones Ibéricas - Clásicos Bergua - Librería Editorial Bergua
Madrid (España)

Copyright de esta edición: ©2011 LaCriticaLiteraria.com
Colección La Crítica Literaria
www.LaCriticaLiteraria.com
ISBN: 978-84-7083-199-7

Imagen de la portada: Los Picos de Europa

Ediciones Ibéricas - LaCriticaLiteraria.com
Calle Ferraz, 26
28008 Madrid
www.EdicionesIbericas.es
www.LaCriticaLiteraria.com

Impreso por LSI (Internacional) y SAFEKAT S.L. (España)

ÍNDICE

LOS CANTORES DE LA SIERRA

Siglo XIV

PEDRO GONZÁLEZ DE MENDOZA

(1385)

DEL "CANCIONERO DE BAENA"

ESTE DESIR COMMO A MANERA DE CANTIGA FISO E ORDENÓ
EL DICHO PERO GONÇALES DE MENDOÇA A UNA SERRANA

> Menga dame el tu acorro,
> e non me quieras matar:
> ¡Si supiesses commo corro,
> bien luchar, mejor ssaltar!
> Las moçuelas en el corro,
> paganse del mi ssotar
> d'esto todo bien me acorro
> e aun mejor de chicotar.

JUAN RUIZ

ARCIPRESTE DE HITA
(1294-1351)

DEL "LIBRO DE BUEN AMOR"

DE CÓMO EL ARCIPRESTE FUÉ
Á PROVAR LA SSIERRA
É DE LO QUE LE CONTESÇIÓ CON LA SSERRANA

Provar todas las cosas el apóstol lo manda;
fue yo provar la syerra é fiz'loca demanda;
perdi luego la mula é non fallava vyanda;
quien más de pan de trigo busca, syn seso anda.
    El mes era de março, dia de Sant Meder;
pasada de Loçoya fuy camino prender;
de nieve é de graniso no'm pudia defender:
"Quien busca lo que non pierde, lo que tien'deve perder".
Ençima dese puerto vime en grand rebata;
fallé la baquerisa çerca de esa mata;
preguntéle quién era; respondióme: "¡la Chata!:
"yo so la Chata resia, que á los homes ata.
    "Yo guardo el pasaje é el portadgo cojo;
"al que de grado paga, non le fago enojo;
"al que pagar non quiere, priado le despojo;
"pagam'tu, synon verás como trillan rastrojo".
    Detóvome el camino, como era estrecho;
una vereda angosta, Vaqueros l'avían fecho;
desque me vy en cuyta, aresido, maltrecho,
"Amiga", diz', "amidos faze el perro barvecho".
    "Déxame passar, amiga darte hé joyas de sierra;
"sy quesieres, dime quáles usan en esta tierra;
"Ca, segund dize la fabla, "quien pregunta non yerra";
"é por Dios dame possada, que el frio me atierra".
    Respondióme la Chata: "Quien pide non escoge";
"prométeme quequiera é faz que non me enoje;
"non temas, sy me das algo, que la nieve mucho moje;
"conséjote que t'abengas, ante que te despoje".
—Como dize la vieja, quando beve ssu madexa:
"Comadre, "quien más non puede, amidos moryr se dexa".
Yo, con el muncho frio, con miedo é con quexa,
mandéle prancha con broncha é con çorrón de coneja.

Echóme á su pescueço por las buenas rrespuestas.
É á mi non me pesó, porque me levó á cuestas;
Escusóme de passar los arroyos é cuestas;
fyz'de lo que passó las coplas deyuso puestas.

CÁNTICA DE SSERRANA

Passando una mañana
el puerto de Malangosto,
salteóm'una serrana
á l'asomada del rrostro:
"¡Hadeduro!", diz', "¿cóm'andas?
"¡Qué buscas ó qué demandas
"por este puerto angosto?"
—Dix'le yo á la pregunta:
"Vóme para Sotos alvos".
"¡El pecado te barrunta
"en fablar verbos tan bravos!;
"que por esta encontrada,
"que yo tengo guardada,
"non pasan los omes salvos".
—Parósem'en el sendero
la gaha, rroyn é heda:
"Alahé, diz, "escudero,
"aqui estaré yo queda,
"fasta qu'algo me prometas;
"por bien que te arremetas,
"non pasarás la vereda".—
Dixel'yo: "Por Dios, vaquera,
"non m'estorves mi jornada;
"tuelte é dame carrera,
"que non trax'para ty nada".
E dixo: "Dende te torna,
"por Somosierra trastorna;
"non avrás aqui passada".
La Chata endiablada,
¡que Santillán la cofonda!,
arrojóme la cayada
é rodeóme la fonda,
abentó el pedrero:
"¡Por el padre verdadero,
"tú'm pagarás oy la rronda".

Ffasie niev', granisava.
Dixome la Chata luego,
hascas que m'amenasava:
"¡Págam', sinon, verás juego!"
Dixel' yo: "Por Dios, fermosa
"desirves hé una cosa:
"más queri'estar al fuego".
—"Yo te levaré á cassa
"é mostrart' hé el camino,
"fazert'hé fuego é brasa,
"dart'hé del pan é del vino:
"¡alahé!, prometem' algo
"é tenert'hé por fydalgo:
"¡buena mañana te vino!"
   Yo con miedo, arresido,
prometil'una garnacha
é mandel'para'l vestido
una bronch'é una prancha;
ella diz': "¡Doy más, amigo!
"¡And'acá! vente comigo;
"non ayas mied'al escarcha".
   Tomóm'resio por la mano,
en su pescueço me puso
como a çurrón lyviano,
levóme la cuest'ayusso:
"¡Hadeduro!, non t'espantes,
"que byen te daré que yanyes,
"como es de sierra uso".
   Pússome mucho ayna
en su venta con enhoto,
dióme foguera d'ensina,
mucho conejo de ssoto,
buenas perdiçes asadas,
hogaças mal amassadas,
é buena carne de choto.
   De buen vino un quartero,
manteca de vacas mucha,
mucho queso assadero,
leche, natas, una trucha;
é dixo: "¡Hadeduro!
"comamos deste pan duro;
"después faremos la lucha".

Desque fué poco estando,
fuyme desatyrisiendo;
como m'yva calentando,
asi m'yva sonreyendo;
oteóme la pastora,
diz': "Ya, compañon, agora,
"creo que vo entendiendo".
La vaquerisa traviessa
dixo: "Luchemos un rato,
"lvévate dende apriesa,
"desbuélvete d'aques'hato".
Por la moneca me priso,
ov'á faser lo que quiso:
¡Creet que ffiz'buen barato!

DE LO QUE LE CONTESÇIÓ AL ARCIPRESTE CON LA SSERRANA

Luego después, desta venta fuyme para Ssegovia,
non á conprar las joyas para la chata Troya;
fuy veer una costiella de la serpiente groya,
que mató al viejo Rrando, segund dise en Moya.
Estid'en esta çibdat é espendi mi caudal;
non fallé poço dulçe nin fuente perenal.
Dix', desque vi mi bolsa que se parava mal:
"Mi casilla é mi fogar çien sueldos val".
Tornéme para mi tierra donde á terçer dya;
mas non vyn'por Loçoya, que joyas non traya;
cuydé yr por el puerto que disen la Fuentfria;
herré todo el camino, como quien non sabia.
Por el pynar ayuso fallé una vaquera,
que guardava sus vacas çerca esa rribera;
yo le dixe: "Omíllóme, sserrana falagera,
"morarme hé convusco ó mostradme la carrera".
—"Sseméjasme, sandio, que asi te conbidas;
"non te llegues a mi, ante te lo comidas;
"synon, yo te faré que mi cayada midas;
"si en lugar te cojo, byen tarde la olvidas".
Como dise la fabla, del que de mal se quita:
"Escarva la gallina é falla su pepita";
provéme por llegar á la gaha maldita.
Dióme con la cayada tras la oreja fita.
Derribóme cuest'ayuso é cay estordido:

ally prové que era mal golpe el del oydo;
"¡Confonda Dios", dixe yo, "çigueña en el exido,
"que de tal guisa acoge çigoñinos en el nido!"

Desque ovo en mi puesto las sus manos yradas,
diz'la descumulgada: "Non pases las aradas,
"non t'asañes del juego, que esto á las vegadas
"conquirense en uno las buenas dineradas".—

"Entremos á la cabana, Herroso non lo entienda;
"meterte hé por camino é avrás buena merienda;
"liévate dende, Cornejo, non busques más contienda".
Desque la vy pagada, levantéme corriendo.

Tomóme de la mano é fuémosnos en uno;
era nona passada é estava yo ayuno;
desque en la choça fuemos, non fallamos ninguno;
dixóme que jugásemos al juego por mal del uno.
"¡Pardiós!", dixe yo, "amiga, más querría almosar,
"d'ayuno é d'arreçido non podria solazar;
"sy ante non comiese, non podria byen jugar;
non se pagó del dicho, quésome amenasar.

Penssó de mi é della. Dix' yo: "Agora se prueva
"que "pan é vino juega, que non camisa nueva".
Escoté la meryenda é partyme dalgueva;
Dixele que me mostrase la ssenda, que es nueva.

Rogóme que fyncase con ella esa tarde,
ca mala es d'amatar el estopa, de que arde.
Dixel'yo: "Estó de priessa, ¡sy Dios de mal me guarde!"
Assañóse contra mi, resçelé é fuy covarde.

Ssacóme de la choça, llegóme á dos senderos;
amos son byen usados, amos son camineros;
andit lo más que pud'ayna los oteros;
llegué con sol temprano al aldea Ferreros.

Desta burla passada ffiz'un cantar atal;
non es muncho fermoso, creo nin cumunal;
fasta qu'el libro entyendas, del byen non digas mal,
ca tu entenderás uno é el libro dirá ál.

CÁNTICA DE SSERRANA

Ssyempre me verná en miente
desta sserrana valyente,
Gadea de Rriofrio.
A la fuera desta aldea,
la que aqui he nonbrado,

encontréme con Gadea.
Vacas guarda en el prado;
dixel': "¡En buen'ora sea
"de vos cuerpo tan guisado!"
Ella me rrespuso: "¡Ea!
"la carrera as errado,
"é andas como radio".
    —"Radio ando, serrana,
"en esta grand'espessura;
"á las vezes ome gana
"ó pierde por aventura;
"mas, quanto esta mañana,
"del camino non hé cura,
"pues vos yo tengo, hermana,
"aqui en esta verdura,
"rribera de este rrio".
    Ryome como rrespuso
la serrana tan sañuda
descendió la cuest'ayuso.
Cómo era atrevuda.
dixo: "Non sabes el uso,
"cómo s'doma la rres muda;
"quiçá el diablo te puso
"esa lengua tan aguda;
"¡si la cayada t'enbyo!"—
    Enbióme la cayada;
dióme tras el pestorejo,
fízom'yr la cuestalada,
derrocóm'en el vallejo;
dixo la endiablada: "Asi
"enpiuelan el conejo;
"Sovart'é", diz', "el alvarda,
"sy non partes del trebejo;
"¡lyévate! ¡vete, sandio!"
Hospedóm'é dióme vyanda;
mas escotar me la fizo;
porque non fiz'quanto manda,
diz': "¡Rroyn, gaho, everniso!"
"¡Cómo fiz'mala demanda
"en dexar el vaqueriso!
"Yo t'mostraré, sino'ablanda,
"cómo se pella el eriso
"syn agua é syn rroçio".—

DE LO QUE CONTESÇIÓ AL ARCIPRESTE CON LA SSERRANA

Lunes ante del alva començé mi camino.
Fallé çerca el Cornejo, do tajava un pyno,
una sserrana lorda; dirévos qué m'avino;
cuydós'cassar comigo como con su vesino.

Preguntóme muchas cosas cuydós' que era pastor;
por oyr mal rrecaudo dexós' de su lavor,
cuydós' que me traya rrodando en deredor;
olvidóse la fabla del buen cosejador.

Que dize á su amigo, queriéndol'conssejar:
"Non dexes lo ganado por lo qu'es por ganar";
"sy dexas lo que tyenes por mitroso cuydar,
"non avrás lo que quieres, podert'hás engañar".

De quanto ay pasó fize un cantar serrano,
este deyuso escripto, que tyenes so la mano;
façia un dia fuerte, pero era verano;
pasé de mañana 'l puerto por sosegar temprano.

CÁNTICA DE SSERRANA

Do la casa del Cornejo,
primer día de semana,
en comedio del vallejo,
encontrém'una serrana
vestida de buen bermejo
é buena çinta de lana;
é dixele yo luego:
"¡Dios te ssalve, hermana!"
—"¿Qué buscas por esta tierra?
"¿Cóm'andas escaminado?"
Dixel' yo: "Ando la sierra,
do m'casaria de grado".
Ella dixo: "Non lo yerra
"el que aqui es cassado;
"busca, fallarás rrecado.

"Mas, pariente, tú te cata,
"sy sabes de sierra algo".
Dixe: "Bien sé guardar mata
"é yegua'n çerro cavalgo,

"sé'l lobo cómo se mata;
"quando yo enpos dél salgo,
"ante l'alcanço, qu'el galgo.
　　"Ssé bien tornear las vacas
"é domar bravo novillo,
"sé maçar é faser natas
"é faser el odresillo,
"bien sé gitar las abarcas
"é taner el caramillo,
"cavalgar bravo potrillo.
　　"Ssé faser el altybajo
"é sotar á qualquier muedo.
"Non fallo alto nin baxo.
"Que me vença, segund cuedo;
"quand'á la lucha m'abaxo,
"al qu'una vez travar puedo,
"derribol', si me denuedo".
　　—"Aqui avrás casamiento,
"tal qual tú demandudieres;
"caserm'hé de buen talento
"contigo, si algo dieres;
"farás buen entendimiento".
Dixel': "Pid'lo que quisieres
"é dart'hé lo que pedieres".
　　Diz': "Dame un prendedero;
"sea de bermejo paño.
"E dame un bel pandero
"é seya aniellos d'estaño,
"un çamarón disantero
"é garnacho para entr'año,
"é non fables en engaño.
　　"Dam'çarçiellos é heviella
"de latón byen relusiente,
"é dam'toca amariella,
"byen listada en la fruente,
"çapatas fasta rrodiella;
"é dirá toda la gente:
"¡Bien casó Mengua Llorente!"
　　Yo l'dixe: "Dart' he'sas cosas
"é aun más, si más comides,
"bien loçanas é fermosas.
"A tus parientas conbides,
"luego fagamos las bodas,

"é esto non olvides,
"ca ya vó por lo que pides".

DE LO QUE CONTESÇIÓ AL ARCIPRESTE CON LA SSERRANA É DE LAS FIGURAS DELLA

Syempre ha mala manera la sierra é la altura
sy nieva ó si yela, nunca da calentura.
Ençima dese puerto fasia oruela dura,
viento con grand elada, rrúçio con grand friura.

Como ome non siente tanto frio, si corre,
corri la cuest'ayuso, ca diz': "Quien da á la torre,
"antes dize la piedra, que sale el alhorre".
Yo dixe: "Só perdido, sy Dios non me acorre".

Nunca desque nasçi pasé tan grand'periglo;
descendy al pie del puerto, falléme con un vestiglo;
la más grant fantasya, que yo vy en este siglo;
yeguerisa trefuda, talla de mal çeñiglo.

Con la cuyta del frio de aquesa grand'elada,
rrogela que ese dia me quisiese dar posada.
Dixome que lo faria, si le fuese bien pagada;
tóvel'á Dios en merçed, levóme á la Tablada.

Ssus mienbros é su talla non son para callar,
ca byen creed que era grand yegua cavallar.
Quien con ella luchase, no s'podría bien fallar;
sy ella non quesiese, non la podri'aballar.

En el Apocalisi Sant Juán Evangelista
non vido tal figura nin espantable vista;
en grand hato darie gran lucha é grand conquista;
non sé de quál diablo es tal fantasma quista.

Avia la cabeça mucho grande syn guisa;
cabellos chicos, negros, como corneja lysa;
ojos fondos é bermejos; poco é mal devisa;
mayor es que de osa su pisada do pisa.

Las orejas tamañas como d'añal borrico;
el su pescueço negro, ancho, velloso, chico;
las narizes muy luengas, semejan de çarapico;

Su boca de alana, grandes rrostros é gordos;
dyentes anchos é luengos, cavallunos, maxmordos;
las sobreçejas anchas é más negras que tordos:
¡los que quieran casarse, non sean aqui sordos!

De pelos mucho negros tiene boço de barvas,
yo non vy ál en ella; mas si en ella escarvas,

fallarás, segun creo, de las chufetas parvas;
pero más te valdría trillar en las tus parvas.

Mas en verdat, sy bien vy fasta la rrodilla,
los huesos mucho grandes, la çanca non chiquilla,
de las cabras del fuego una grand manadilla;
sus tovillos mayores que d'una añal novilla.

Más ancha que mi mano tyene la su muñeca,
vellosa, pelos grandes, pero non mucho seca;
boz gorda é gangosa, á todo ome enteca;
tardia como ronca, desdonada é hueca.

El su dedo chiquillo mayor es que mi pulgar,
pienssa de los mayores si te podrias pagar;
sy ella algund dia te quisiese espulgar,
sentiría tu cabeça qu'eran vigas de lagar.

Traía por el garnacho las sus tetas colgadas;
dávanle a la çinta, pues qu'estaban dobladas;
ca estando sencillas darl'yen so las y jadas;
á todo son de çitola andarian syn ser mostradas.

Costillas mucho grandes en su negro costado,
unas tres veses contéles estando arredrado;
digote que non vy más nin te será más contado,
ca moço mesturero non es buen'para mandado.

De quanto que me dixo é de su mala talla
fiz'tres canticas grandes; mas non pude pyntalla;
las dos son chanconetas, la otra de trotalla,
de la que't non pagares, veyla é rye é calla.

CÁNTICA DE SSERRANA

Çerca la Tablada,
la sierra passada,
falléme con Aldara
a la madrugada.

Ençima del puerto
cuydéme ser muerto
de nieve é de frio
é dese rruçio
é de grand'elada.

Ya á la deçida
dy una corrida,
fallé una sserrana
fermosa, loçana,
é bien colorada.

Dixel' yo á ella:
"Omillome, bella".
Diz': "Tú, que bien corres,
"aqui non t'engorres,
"anda tu jornada".

Yo l'dix': "Frio tengo
"é por eso vengo
"á vos, fermosura;
"quered, por mesura,
"oy darme posada".

Dixome la moça:
"Pariente, mi choça
"el qu'en ella posa,
"comigo desposa,

"é dame soldada".
　Yo l'dixe: "De grado;
"mas yo so casado
"aqui en Ferreros;
"más de mis dineros
"darvos hé, amada".
　Diz: "Vente comigo".
Levóme consigo,
dióme buena lunbre,
com'era custumbre
de sierra nevada.
　Dióm'pan de çenteno
tyznado, moreno,
dióme vyno malo,
agrillo é ralo,
é carne salada.
　Dióm' queso de cabras:
Dyz': "Fidalgo, abras
"ese blaço, toma
"un canto de soma,
"que tengo guardada".
　Diz': "Uespet, almuerça,
"é bev'é esfuerça,
"caliéntat'é paga;
"de mal no s'te faga
"fasta la tornada.
　"Quien donas me diere,
"quales yo pediere,
"abrá buena çena,
"et lechiga buena,
"que no l'cueste nada".
—"Vos, qu'eso desides,
"¿por qué non pedides
"la cosa çertera?"
Ella diz': "¡Maguera!
"¿sy me será dada?
　"Pues dame una çinta
"bermeja, bien tynta,

"é buena camisa,
"fecha á mi guisa
"con su collarada.
　"Dame buenas sartas
"d'estaño é hartas,
"é dame halia
"de buena valya,
"pelleja delgada.
　"Dame buena toca,
"lystada de cota,
"é dame çapatas,
"bermejas, byen altas,
"de pieça labrada.
　"Con aquestas joyas,
"quiero que lo oyas,
"serás byen venido;
"serás mi marido
"é yo tu velada".
　"Serrana señora,
"tant'algo agora
"non trax' por ventura;
"faré fiadura
"para la tornada".
　Dixome la heda:
"Do no ay moneda,
"no ay merchandia
"nin ay tan buen dia
"nin cara pagada.
　"Non ay mercadero
"bueno sin dinero,
"é yo non me pago
"del que non da algo
"nin le dó posada.
　"Nunca d'omenaje
"pagan ostelaje;
"por dineros faze
"ome quanto'l piase;
"cosa es provada".

DEL DITADO QU'EL ARCIPRESTE OFFRECIÓ A SANTA MARÍA DEL VADO

Santiago apóstol diz'que todo bien complido
é todo don muy bueno de Dios vien'escogido;
é yo, desque saly de todo este rroydo,
torné roga á Dios que non me dies'á olvido.
Cerca d'aquesta ssierra ay un lugar onrrado,
muy santo é muy devoto; Santa Maria del Vado.
Fuy tener y vegilia, como es acostunbrado;
á onrra de la Virgen ofrecil'este ditado:
¡A ti, noble Señora, cunplida de piadat,
luz lusiente al mundo, del cielo claridat,
mi alma é mi cuerpo ante tu Madestat
o fresco con las cántigas é con grant omildat!

Omillome, Reyna,
Madre del Salvador,
Virgen Santa é dina,
oy'á mi, pecador.
Mi alma en tu cuyda
é en tu esperança:
Virgen, tú me ayuda
é syn toda tardança
rruega por mi á Dios, tu Fijo é mí Señor.

Siglo XV

ÍÑIGO LÓPEZ DE MENDOZA

MARQUÉS DE SANTILLANA

(1398-1458)

SERRANILLAS

SERRANILLA I

1

Serranillas de Moncayo,
Dios vos de buen año entero,
ca de muy torpe lacayo
fariades cavallero.

2

Ya se passava el verano,
al tiempo que ome se apaña,
con la ropa á la tajaña,
ençima de Boxmediano,
vi serrana sin argayo
andar al pie del otero,
mas clara que sale en mayo
el alva, nin su luçero.

3

Dixele: "Dios vos mantenga,
serrana de buen donayre".
Respondio como en desgayre:
"¡Ay! que en ora buena venga
aquel que para Sanct Payo
desta yra mi prisionero".
E vino a mi, como rayo,
diziendo: "Preso, montero".

4

Dixele: "Non me matedes,
serrana, sin ser oydo,
ca yo non soy del partido
dessos, por quien vos lo avedes.
Aunque me vedes tal sayo,
en Agreda soy frontero
é non me llaman Pelayo,
maguer me vedes señero".

5

Desque oyo lo que dezia
dixo: "Perdonad, amigo;
mas folgad ora conmigo,
e dexad la monteria.
A este çurron que trayo
quered ser mi parçionero,
pues me fallesçio Mingayo,
que era conmigo ovejero".

FINIDA

"Entre Torella é el Fayo
passaremos el Febrero".
Dixele: "De tal ensayo,
serrana, soy plazentero".

SERRANILLA II

1

En toda la su montaña
de Trasmoz á Veranton
non vi tan gentil serrana.

2

Partiendo de Conejares,
alla susso en la montaña
cerca de la Travessaña,
camino de Trasovares,
encontré moça loçana
poco mas aca de Annon,
riberas de una fontana.

3

Traia saya apretada
muy bien presa en la çintura,
á guisa de Extremadura
çinta é collera labrada.
Dixe: "Dios te salve, hermana;
aunque vengas de Aragón,
desta seras castellana".

4

Respondióme: "Cavallero,
non penses que me tenedes,
ca primero provaredes
este mi dardo pedrero;
ca después desta semana
fago bodas con Anton,
vaquerizo de Morana".

SERRANILLA III

1

Después que nasçí,
non vi tal serrana
como esta mañana.

2

Allá a la veguela,
a Mata el Espino,
en esse camino
que va a Loçoyuela,
de guisa la vi
que me fizo gana
la fructa temprana.

3

Garnacha traía
de oro, presada
con broncha dorada,
que bien reluzia.
A ella volvi
diziendo: "Loçna,
¿e soys vos villana?"

4

"Si soy, caballero;
si por mi lo avedes,
¿dexid, que queredes?
Fablad verdadero".
Yo le dixe asy:
"Juro por Santana
que non soys villana".

SERRANILLA IV

1

Por todos estos pinares
nin en Navalagamella,
non vi serrana mas bella
que Menga de Mançanares.

2

Descendiendol yelmo a yuso,
contral Bovalo tirando
en esse valle de suso,
vi serrana estar, cantando;
saluela, segund es uso,
e dixe: "Serrana, estando
oyendo, yo non me excuso
de fazer lo que mandares".

3

Respondiome con ufana:
"Bien vengades, cavallero;
quien vos trae de mañana
por este valle señero?
Ca por toda aquesta llana
yo non dexo andar vaquero,
nin pastora, nin serrana,
sinon Pasqual de Bustares.

4

"Pero ya, pues la ventura
por aqui vos ha traydo,
convien en toda figura,
sin ningund otro partido,
que me desde la çintura,
o entremos a braz partido;
ca dentro en esta espesura
vos quiero luchar dos pares".

5

Desque vi que non podia
partirme dalli sin daña,
como aquel que non sabia
de luchar arte nin maña,
con muy grand malenconia,
armele tal guardamaña
que cayo con su porfia
çerca de unos tomellares.

SERRANILLA V

1

Entre Torres e Canena,
a çerca de Salloçar,
falle moça de Bedmar,
sanct Jullan en buen estrena.

2

Pellote negro vestia
e lienços blancos tocava,
a fuer del Andaluzia,
e de alçorques se calçava.
Si mi voluntad agena
non fuera, en mejor logar
non me pudiera excusar
de ser preso en su cadena.

3

Preguntele do venia,
dexque la ove saludado,
o qual camino fazía.
Dixome que de un ganado
quel guardaban en Raçena,
e passava al Olivar,
por coger e varear
las olivas de Ximena.

4

Dixe: "Non vades señera,
señora; que esta mañana
han corrido la ribera,
aquende de Guadiana,
moros de Valdepurchena
de la guarda de Abdilbar,
ca de vervos mal passar
me sería grave pena".

5

Respondiome: "Non curedes,
señor, de mi compañia;
pero graçias e merçedes
a vuestra grand cortesia;
ca Miguel de Jamilena
con los de Pegalajar
son passados a atajar;
vos torbad en ora buena".

SERRANILLA VI

1

Moça tan fermosa
non vi en la frontera,
como una vaquera
de la Finojosa.

2

Faziendo la via
del Calatraveño
a Sancta María,
vençido del sueño
por tierra fragosa
perdi la carrera,
do vi la vaquera
de la Finojosa.

3

En un verde prado
de rosas e flores,
guardando ganado
con otros pastores,
la vi tan graçiosa
que apenas creyera
que fuesse vaquera
de la Finojosa.

4

Non creo las rosas
de la primavera
sean tan fermosas
nin de tal manera,
fablando sin glosa,
si antes sopiera
de aquella vaquera
de la Finojosa.

5

Non tanto mirara
su mucha beldad,
porque me dexara
en mi libertad.
Mas dixe: "Donosa
(por saber quien era),
donde es la vaquera
de la Finojosa?"

6

Bien como riendo,
dixo: "Bien vengades;
que ya bien entiendo
lo que demandades;
non es deseosa
de amar, nin lo espera,
aquessa vaquera
de la Finojosa".

SERRANILLA VII

Serrana, tal casamiento
non consiento que fagades,
ca de vuestro perdimiento,
maguer non me conoscades,
muy grand desplazer avria
en vos ver enagenar
en poder de quien mirar
nin tractar non vos sabria.

SERRANILLA VIII

Madrugando en Robledillo,
por yr buscar un venado,
falle luego al Colladillo
caça, de que fui pagado.
    Al pie de aquessa montaña
la que diçen de Berçosa,
vi guardar muy grand cabaña
de vacas moça fermosa.
Si voluntad non me engaña
non vi otra mas graçiosa;
si alguna desto se ensaña,
loela su enamorado.

SERRANILLA IX

Moçuela de Bores
alla do la Lama
pusome en amores.

1

Cuyde que olvidado
amor me tenia,
como quien se avia
grand tiempo dexado
de tales dolores,
que mas que la llama
queman amadores.

2

Mas vi la fermosa
de buen continente,
la cara plaziente,
fresca como rosa,
de tales colores
qual nunca vi dama
nin otra, señores.

3

Por lo qual: "Señora
(le dixe), en verdad
la vuestra beldad
saldra desde agora
dentre estos alcores,
pues meresçe fama
de grandes loores".

4

Dixo; "Cavallero,
tiradvos a fuera:
dexad la vaquera
passar al otero;
ca dos labradores
me piden de Frama,
entrambos pastores".

5

"Señora, pastor
sere si queredes;
mandarme podedes,
como a servidor;
mayores dulçores
sera a mi la brama
que oyr ruyseñores".

6

Assy concluymos
el nuestro proçesso
sin fazer exçesso,
e nos avenimos.
E fueron las flores
de cabe Espinama
los encobridores.

SERRANILLA X

De Vytoria me partia
un dia desta semana,
por me passar a Alegria,
do vi moça lepuzcana.

1

Entre Gaona e Salvatierra,
en ese valle arbolado
donde se aparta la sierra,
la vi guardando ganado,
tal como el alvor del dia,
en un hargante de grana,
qual todo ome la querria,
non vos digo por hermana.

2

Yo loe las de Moncayo
e sus gestos e colores,
de lo qual no me retrayo,
e la moçuela de Bores;
pero tal philosomia
en toda la su montaña
cierto non se fallaria,
nin fue tan fermosa Yllana.

3

De la moça de Bedmar,
a fablarvos ciertamente,
razon ove de loar
su grand e buen continente;
mas tampoco negaria
la verdad que tan loçana,
apres la señora mia,
non vi donna nin serrana.

Siglo XVI

PEDRO LIÑÁN DE RIAZA

ROMANCILLO DEL FIN

(FRAGMENTO)

Pedazos de hielo y nieve
despiden las sierras altas,
por las lluvias importunas
quedando a pedazos pardas;
sacuden los altos pinos
de sus renuevos la escarcha;
murmuran los arroyuelos
que antes helados callaban;
cuando estaba un pastorcillo
a la vista de Jarama,
cercado de su cabrío
a quien hace inútil guarda,
hincando estacas de enebro
a sombras de una carrasca,
para levantar la choza,
que su ventura imitaba.
Cansado ya de poner
para su defensa ramas,
así se queja del tiempo
y de fortuna voltaria:
"¡Ay de mis cabras,
ay de la perdición de mi esperanza!"
Yo soy Riselo el humilde,
el que al novillo y la vaca
libró del ribaldo toro
que amor forzado buscaba.
        "¡Ay de mis cabras, etc."
¡Ay de mi vida que muere
en ver que mis ojos lavan
manchas de celos y quejas,
y que no salen las manchas!
"¡Ay de mis cabras, etc."

Otros muchos ganaderos
ajenos y ufanos pasan,
que ayer andaban desnudos
tras de mil ovejas flacas.
Sólo mi hato desmedra
por andar en tierra extraña.
Porque pasaste mis bienes,
tiempo con ligeras alas.
"¡Ay de mis cabras,
ay de la perdición de mi esperanza!"

—

Tronando las nubes negras,
y espesos los claros aires,
con remolinos y polvo
señalaban tempestades;
tinieblas cubren la tierra
sin que la noche llegase
y el sol se escondió, huyendo
de los relámpagos grandes,
entre dos tajadas peñas
junto a un monte de arrayanes,
estaba Riselo solo
con sus cabras una tarde;
y antes que el pastor pudiera
recogerlas, ni guardarse,
rompen las nubes sus senos
y disformes piedras caen.
—¿Qué es esto, cielo?—decía—.
¿Tan grande venganza cabe
en vuestro pecho piadoso
contra simples animales?
Si yo soy el que pequé
mi ganado no lo pague;
y si el mío lo merece
al que es ajeno dejadle.
Mil fieras contrarias mías
huyendo van a buscarme;
que al hombre acuden los brutos
en peligros semejantes.

Dejad mi pobre cabrío,
medrosas fieras, dejadme,
y buscad quien os guarezca
sin que el cielo os descalabre.
En esto pasó la nube,
mostrando por otra parte
el sol sus dorados rayos
y su divino semblante.
Alegre quedó Riselo
diciendo a su mal que aguarde
alguna mudanza de éstas
a pesar de sus pesares.

LUIS DE GÓNGORA Y ARGOTE

(1561-1627)

A LA PASADA DE LOS CONDES DE LEMOS
POR LOS PUERTOS DE GUADARRAMA

SONETO

Montaña inaccesible, opuesta en vano
al atrevido paso de la gente,
o nubes humedezcan tu alba frente,
o nieblas ciñan tu cabello cano.

Caistro el mayoral, en cuya mano
en vez de bastón vemos el tridente,
con su hermosa Clóris, sol luciente
de rayos negros, serafín humano.

Tu cerviz pisa dura, y la pastora
yugo te pone de cristal, calzada
coturnos de oro el pie, armiños vestida.

Huirá la nieve de la nieve agora,
o ya de los dos soles desatada,
o ya de los dos blancos pies vencida.

CUANDO ESTUVO EN CUENCA DON LUIS

ROMANCE

I

En los pinares de Júcar
vi bailar unas serranas
al son del agua en las piedras
y al son del viento en las ramas.
    No es blanco coro de ninfas
de las que aposenta el agua
o las que venera el bosque,
seguidoras de Diana.
    Serranas eran de Cuenca,
honor de aquella montaña,
cuyo pie besan dos ríos
por besar dellas las plantas.
    Alegres coros tejían,
dándose las manos blancas
de amistad, quizá temiendo
no la truequen las mudanzas.
    ¡Qué bien bailan las serranas,
qué bien bailan!
    El cabello en crespos nudos
luz da al sol, oro al Arabia,
cuál de flores impedido,
cuál de cordones de plata.
    Del color visten del cielo,
si no son de la esperanza,
palmillas que menosprecian
al zafiro y la esmeralda.
    El pie (cuando lo permite
la brújula de la falda)
lazos calza, y mirar deja
pedazos de nieve y nácar.
    Ellas, cuyo movimiento
honestamente levanta
el cristal de la coluna
sobre la pequeña basa.
    ¡Qué bien bailan las serranas,
qué bien bailan!

Una entre los blancos dedos
hiriendo lisas pizarras,
instrumento de marfil
que las musas lo envidiaran.
   Las aves enmudeció,
y enfrenó el curso del agua;
no se movieron las hojas,
por no impedir lo que canta:

*   Serranas de Cuenca*
iban al pinar,
unas por piñones,
otras por bailar.
   Bailando y partiendo
las serranas bellas
un piñón con otro,
si ya no es con perlas.
   De Amor las saetas
huelgan de trocar,
unas por piñones,
otras por bailar.
   Entre rama y rama
cuando el ciego Dios
pide al sol los ojos
por verlas mejor,
los ojos del sol
las veréis pasar,
unas por piñones,
otras por bailar.

II

En el baile del egido
(nunca Menga fuera al baile)
perdió sus corales Menga
un disanto por la tarde.
   Dicen que se los dio en ferias
tres o cuatro días antes
el Piramo de su aldea,
el sobrino del alcalde,
   Los corales no tenían
los extremos que ella hace,

y porque de cristal fuesen,
lloró Menguilla Cristales.
  ¿Quién oyó, zagales,
desperdicios tales,
que derrame perlas
quien busca corales?
    Veinte los buscan perdidos,
y no es mucho en casos tales
que un perdido haga veinte,
pues un loco ciento hace.
    En el egido los buscan;
que yendo Menga a lavarse,
se los dejó entre la juncia
del arroyo de los sauces.
    Do en pago de su blancura
menosprecian arrogantes
blancas espumas que orlan
el verde y florido margen;
    que la nieve es sombra escura
y el marfil negro azabache
con la garganta de Menga,
coluna de leche y sangre.
  ¿Quién oyó, zagales,
desperdicios tales,
que derrame perlas
quien busca corales?
    Ya el cura se prevenía
de los antojos, que saben
en rúbricas coloradas
hacer las letras más grandes;
    Cuando albricias pidió a voces
Bartolillo con donaire,
por haber hallado Menga
en sus labios sus corales.
    Los ojos fueron de antojos,
los que descubrieron antes,
en la juncia los claveles,
en la arena los granates.
    Y viendo purpurear
las rojas prendas del ángel,
al son dijo del salterio
que tañía Gil Perales:

¿Quién oyó, zagales,
desperdicios tales,
que derrame perlas
quien busca corales?

III

Frescos airecillos
que a la primavera
destejéis guirnaldas
y esparcéis violetas,
      Ya que os han tenido
del Tajo en la vega
amorosos hurtos
y agradables penas.
      Cuando del estío
en la ardiente fuerza
álamos os daban
frondosas defensas.
      Álamos crecidos
de hojas inciertas,
medias de esmeralda,
y de plata medias;
      de donde a las ninfas
y a las zagalejas
del sagrado Tajo
y de sus riberas.
      Mil veces llamastes,
y vinieron ellas
a ocupar del río
las verdes cenefas;
      y vosotros luego,
calándoos apriesa
con lascivos soplos
y alas lisonjeras,
      sueño les trujistes
y descuido a vueltas,
que en pago os valieron
mis vistas secretas,
      sin tener desvelo,
envidia ni queja,
ni andar con la falda

luchando por fuerza;
 agora, pues, aires
antes que las sierras
coronen las cumbres
de confusas nieblas,
 y que el aquilón
con dura inclemencia
desnude las plantas
y vista la tierra
 de las secas hojas
que ya fueron tregua
entre el sol ardiente
y la verde yerba,
 y antes que las nieves
y el hielo conviertan
en cristal las rocas
y en vidrio las selvas,
 batid vuestras alas,
y dad ya la vuelta
al templado seno
que alegre os espera.
 Veréis de camino
una ninfa bella,
que pisa orgullosa
del Betis la arena;
 montaraz, gallarda,
temida en la sierra,
más por su mirar
que por sus saetas.
 Agora la halléis
entre la maleza
del fragoso monte,
siguiendo las fieras,
 agora en el llano
con planta ligera
fatigando el corzo,
que herido vuela,
 agora clavando
la armada cabeza
del antiguo ciervo
en la encina vieja;
 cuando ya cansada
de la caza vuelva

a dejar al río
el sudor en perlas,
    y al pie se recueste
de la dura peña,
de quien ella toma
lección de dureza,
    llegaos a orealla,
pero no tan cerca,
que llevéis suspiros
que han corrido a ella;
    si está calurosa,
soplad desde afuera,
y cuando la ingrata
mejor os entienda,
    Decidle, airecillos:
"Bellísima Leda,
gloria de los bosques,
honor del aldea,
    "Enfermo Daliso
junto al Tajo queda,
con la muerte al lado
y en manos de ausencia;
    "Suplícate humilde,
antes que le vuelvan
su fuego en ceniza,
su destierro en tierra,
    "En premio glorioso
en su amor merezca,
ya que no suspiros,
a lo menos letra
    "con la punta escrita
de tu aguda flecha
en el campo duro
de una dura peña;
    "Porque no es razón
que razón se lea
de mano tan dura
en cosa más tierna.
    "Adonde le digas:
—Muere allá, y no vuelvas
a adorar mi sombra
y arrastrar cadenas".

IV

En tanto que mis vacas,
sin oillos condenan
en frutos los madroños
desta fragosa sierra,

Quiero cantar llorando
a sombras de esta peña,
de áspera, invencible,
segunda Galatea.

Que pues osó fiarle
en intrincadas trepas
sus verdes corazones
esta amorosa hiedra,

Fiarle podré yo
lagrimosas endechas;
mas ¡ay triste, que es sorda
segunda Galatea!

¡Mal haya quien emplea
su fe en la que con arco y con aljaba
parece niño Amor, y es fiera brava!

Divina cazadora,
que de seguir las fieras,
has dado en imitallas,
y para mí excedellas,

De esa tu media luna
junta las empulgueras,
y al desdén satisfaga
por jubilar sus penas,
en el pecho que huyes,
el alma que desdeñas.

No pudo decir más,
porque entre la maleza
un jabalí espumoso
le salteó sus quejas.

Lebreles le forzaron
a tomar la defensa
y a despreciar venablos
y perros que le aquejan.

El vaquero, admirado
de que rompiendo telas,
huya, "¡Oh fiera, le dice,
segunda Galatea!

"¡Mal haya quien emplea
Su fe en la que con arco y con aljaba
parece niño Amor, y es fiera brava!"

V

Menguilla la siempre bella,
la que bailando en el corro,
al blanco fecundo pié
suceden claveles rojos.

La que dulcemente abrevia
en las orbes de sus ojos
soles con flechas de luz,
Cupidos con rayos de oro;

Esta deidad labradora,
desde donde nace arroyo
hasta donde muere río,
Tajo la venera undoso.

Gil desde sus tiernos años
aras le erigió devoto,
humildemente celando
tanto culto aun de sí propio.

Profanola alguna vez
pensamiento que amoroso
volando en cera, atrevido
nadó, en desengaños loco.

Del color de la violeta
solicitaba su rostro
en la villana divina
el afecto más ocioso.

Esperanzas pues de un día,
prorrogando engaños de otro,
a silencio al fin no mudo
respondió mirar no sordo.

Sus zafiros celestiales
volvió un suspiro tan solo,
tan pequeño de cobarde,
cuan mal distinto de ronco.

La divinidad depuesta
desde aquel punto dichoso,
mirarse dejó en la aldea
y saludar en el soto.

Con más alientos que mayo
un blanco sublime chopo
en su puerta amaneció,
de tan bello sol coloso.

En las hojas de la yedra
a su muro dio glorioso
cuantos corazones verdes
palpitar hizo Favonio.

Las fiestas de San Ginés
cuando sobre nuestro coso
fulminó rayos Jarama
en relámpagos de toros.

Mientras distingue las fieras
el garzón, pavor hermoso,
la púrpura robó a Menga,
y le restituyó el robo.

Cambiar le hicieron semblante;
mas guardándola el decoro,
en los peligros el miedo,
en las victorias el gozo.

Paseó Gil el tablado,
de aquella, hermosura tronco,
que en los crepúsculos niega
el temor y el alborozo.

Nevó jazmines sobre él,
tan desmentidos sus copos,
que engañaran a la envidia,
si no le volvieran loco.

Desde entonces la malicia
su diente armó venenoso
contra los dos, hija infame
de la intención y del ocio.

Mucho lo siente el zagal,
pero Menguilla es de modo
que, indignada contra sí,
se venga en sus desenojos.

Las verdes orlas excusa
de la fuente o de los olmos,
por no verse en sus cristales,
por no leerse en sus troncos.

A los desvíos apela,
partiendo en los más remotos,
con el céfiro suspiros,
con el eco soliloquios.

Llora Gil estas ausencias
al son de su leño corvo,
en humores que suaves
desataran un escollo.

Sus dichas llora, que fueron
en el infelice logro
pajarillos que serpiente
degolló en su nido pollos.

Caducaron ellos antes
que los floridos despojos,
y el que nació favor casto
murió aplauso riguroso.

En los tormentos lo inquiere,
doliéndose los contornos
de que le niegue un recato
lo que concediera un ocio.

Teme que esta retirada,
sí las flechas no le ha roto
al amor recién nacido,
las arme de ingrato plomo.

Buscándola en vano al fin,
imitar al babilonio
ya quería, y de su espada
buscar por la punta el pomo.

Cuando la brújula incierta
del bosque le ofreció undoso
todo su bien no perdido,
aunque no ganado todo.

Porque sin cometer fuga,
teatro hizo no corto
aquel campo de un rigor
que árbol es ya de Apolo.

VI

Compitiendo con los cielos
las sierras de Guadalupe,
esmeraldas son sus valles,
plata y aljófar sus cumbres.

Lloraba perlas la aurora
sobre violetas azules,
encubriendo las estrellas
y desterrando las nubes,
cuando más bella Lisarda
las ásperas sierras sube,
dando al mundo y dando al cielo
gloria, envidia, sombra y lumbre.
La nieve desciende al valle,
la estéril tierra produce
mil hierbas que la enternecen,
mil flores que la dibujen.
No hay planta que no se alegre
ni pájaro que no anuncie
el nuevo sol que amanece,
aunque el del cielo se turbe.
Lisarda sobre una peña,
venturosa en que la ocupe,
los campos de Calatrava
entre los montes descubre;
y porque apacienta en ellos
un fiel serrano que sufre
memorias que desesperan
y esperanzas que consumen,
mirando campos y sierras
que enternecellas presume,
enamorando los cielos,
hizo que atentos la escuchen:
"*¡Sierras venturosas de Guadalupe!*
¿Qué es de mi esperanza, que en vos la puse?
¿Qué es de mi vida perdida
por gustos de vida incierta?
Mas lloro esperanza muerta,
¿cómo puedo tener vida?
¿Qué es de mi aleve homicida?
Piedras y árboles, ¿qué es de él?
Mas ¡ay! que un tirano cruel
la luz de mi gloria encubre.
¡Sierras venturosas de Guadalupe!
¿Qué es de mi esperanza, que en vos la puse?

Siglo XVII

JUAN RUIZ DE ALARCÓN

(1580-1639)

EL TEJEDOR DE SEGOVIA

(2.ª PARTE) [1]

Acto segundo (fragmento)

ESCENA XV

UN PASAJERO.—DICHOS

UN PASAJERO *(Canta dentro)*

Ya se salen de Segovia
cuatro de la vida airada,
el uno era Pedro Alonso,
Camacho el otro se llama,
el tercero es Jaramillo,
y Cornejo es el que falta:
todos cuatro matasietes,
valentones de la fama.
Rompiendo los embarazos,
y quitándose las trabas,
a pesar de los guardianes
se escaparon de la jaula
pidieron embajador,
y dando salto de mata,
fueron a ser gavilanes

---

[1] Sólo la segunda parte del drama *El Tejedor de Segovia* se tiene por obra del escritor americano don Juan Ruiz de Alarcón, aunque ambas se hayan impreso con su nombre. Diversas escenas de los actos 2.° y 3.° se desarrollan en la sierra y en el puerto de Guadarrama, como las dos que reproducimos, de la captura del famoso Pedro Alonso.

del cerro de Guadarrama.
Despoblado está el bureo,
desierta queda la manfla[2],
la jacarandina[3] triste,
y sin abrigo las hachas[4].
Las plumas se han atufado,
y aborrascado las varas;
unas recorren las cuevas,
y otras escriben las causas.
¡Triste de aquel que agarraran
los pescadores de caña!
Que al son de una cuerda sola
hará en el aire mudanzas.

CHICHÓN (*Cantando*)

Antes ciegues que tal vean
cuantos oyen lo que cantas.

DON FERNANDO

Éste no nos tiene miedo,
pues que por la sierra pasa
cantando seguramente.

CHICHÓN (*Cantando*)

No debe de llevar blanca.

DON FERNANDO

Salidle al paso los tres,
y venga aquí; que me agrada
el romancillo, y deseo
escuchalle lo que falta.
Demás que me ha parecido
correo de a pie, y las cartas

---

[2] Mancebía.
[3] Junta de rufianes o ladrones.
[4] Ladrones.

quiero ver; que me serán
por ventura de importancia.

CAMACHO

Vamos

CHICHÓN

El os ha sentido,
y ya sus pies llevan alas.

DON FERNANDO

Seguidle, y no le dejéis
de alcanzar, aunque a las faldas
lleguéis que con sus cristales
fertiliza Guadarrama;
que pues huye tan ligero,
y tan medroso se guarda,
algo lleva de valor.
(*Vanse Camocho, Cornejo y Jaramillo.*)

ESGENA XVI

DON FERNANDO, TEODORA, CHICHÓN Y LOS DOS BANDOLEROS

CHICHÓN

Hombre, ¿eres liebre? ¿Eres cabra?
¿Eres pelota de viento?
Volando las peñas pasa,
y del bote que da en una,
tan ligero en otra salta,
que o son de corcho sus pies,
o son los riscos de lana.

DON FERNANDO

Hijos son del viento mismo
los que le van dando caza;
en vano escaparse intenta.

CHICHÓN

Ya ni aun la vista le alcanza.

DON FERNANDO

Mientras vuelven con la presa,
concede, prenda del alma,
tu regazo a quien te adora.

TEODORA

Sentémonos, y descansa
un rato de tantas penas
y de vigilias tan largas.

(*Siéntase Teodora, y don Fernando deja el arcabuz y recuéstase en su regazo.*)

CHICHÓN (*Habla aparte con los dos bandoleros.*)

Ésta es famosa ocasión.
Amigos; sus camaradas
van tan lejos, que no pueden
socorrerle; yo en la cara
le echaré este capotillo,
y vos quitadle las armas;
vos a Teodora tapad
la boca, y amenazadla
con la muerte si da voces.

BANDOLERO 1.º

Bien has dicho. Llega, acaba.

CHICHÓN

Ánimo, pues; que yo tiemblo
desde el cabello a la planta.
(*Ap.* ¿Qué no podrás, vil codicia,
en la condición humana?)

(*Llégase a don Fernando con un capotillo en las manos.*)

DON FERNANDO

¿Qué es eso, Chichón?

CHICHÓN

                    Señor,
contemplo que es dura cama
la que te da ese peñasco;
y así pretendo que hagan
alfombra este capotillo,
si no colchón, tus espaldas.

DON FERNANDO

No es menester; ya los riscos
me conocen, pues son blandas
las peñas a los trabajos
que me oprimen comparadas.

CHICHÓN

¿Qué trabajos? ¿Has parido?
Que en el mundo no me espanta
otro a mí.

BANDOLERO 1.° *(Ap. a Chichón.)*

                    Chichón, ¿qué es esto?
¿Agora el valor te falta?

CHICHÓN *(Ap. a los bandoleros.)*

No os espantéis; que me ha echado
unos ojos, que bastaran
a dar miedo al mismo infierno.
Mas esta vez esta hazaña
se ha de acabar.

(Vuelve a llegar como a echarle el capotillo sobre los ojos.)

DON FERNANDO

¿Aún porfías,
Chichón?

CHICHÓN

Señor, en la cara
te dan los rayos del sol,
y hacerte sombra intentaba.

DON FERNANDO

¡Oh qué oficioso que estás!
¿De cuándo acá me regalas,
Chichón, con tanto cuidado?

CHICHÓN

Agora hay más justa causa,
que tu vida y tu salud
nos son de mucha importancia.

DON FERNANDO

Deja de cuidar de mí.

CHICHÓN

No puedo hacer lo que mandas;
que eres mi amparo.

BANDOLERO 1.º (*Ap. a Chichón.*)

Chichón,
¿siempre al llegar te acobardas?

CHICHÓN

Sí, camaradas; que tiene
la muerte muy mala cara.

BANDOLERO 1.º

Pues los dos le prenderemos,
y tú a Teodora.

CHICHÓN

Eso vaya;
que con ella bien me atrevo
a hacer singular batalla.

*(Los dos bandoleros echan a don Fernando el capotillo
de Chichón sobre la cabeza, y le sujetan.)*

DON FERNANDO

¡Ah, traidores!

TEODORA

¿Qué es aquesto?
(Chichón sujeta a Teodora.)

CHICHÓN

Es tu muerte si no callas.

BANDOLERO 1.º

Atadle las manos presto.

(Atánselas atrás con la cuerda del arcabuz.)

BANDOLERO 1.º

Éste es el fin de quien anda,
Pedro Alonso, en tales pasos.

CHICHÓN

Perdonad, que el Rey lo manda.

BANDOLERO 2.º

Atadle bien.

BANDOLERO 1.º

Con la cuerda
del arcabuz enlazadas
sus manos, serán de Alcides
si la rompe o se desata.

BANDOLERO 2.º

Empieza a caminar.

BANDOLERO 1.º

Espuela será esta daga,
si perezosos se mueven.

CHICHÓN

¡Malos años! ¡Cómo brama!
Paciencia, Pedro; que al fin,
quien mal anda, mal acaba.

Fin del acto segundo.

Siglo XVIII

NICOLÁS FERNÁNDEZ DE MORATÍN

(1737-1780)

A UN AMIGO, DESDE SAN ILDEFONSO

ROMANCE HEROICO

Porque cual en el Ponto
el infelice Ovidio,
sufriendo desterrado
los enojos del César ofendido,
que acaso me imaginas,
o Gabriel imagino
en esta de miserias
para mi pecador última Tibur;
en este inculto valle,
cuyos gigantes riscos
son Cabeza-melera,
El Chorro, Peñalara y Siete-Picos;
en este seno en donde
sus nieves y sus fríos
temieran erizadas
las árticas provincias de Calisto;
en aquesta nevera,
en aqueste real sitio,
más malo que el de Troya,
y peor que el tebano y numantino.
Por si aquí me imaginas
de la suerte que digo,
con tu olvido recelo
a mi desatención justo castigo.
Le temo, y le recelo,
porque le he merecido,
aunque en el mismo tiempo
de tu benevolencia me confío.

Pero al mirar mi ofensa,
pero al ver mi delito,
dudo si su tijera
de nuestra amistad firme cortó el hilo.
    Dudo; pero ¿qué dudo?
Yo mi maldad repito;
pues nunca dudar pude
de tu fe, tu firmeza y tu cariño.
    Creo; pero no creo
el que hayas incurrido
en olvidar al triste,
que en el alma te tiene, aunque no ha escrito.
    Antes que yo tal crea,
creeré que haya tenido
Medusa, la gorgona,
de serpientes y víboras los rizos;
    Creeré que hay quimera,
y creeré que haya habido
bajo de una doncella
cachorros, que amedrente su ladrido;
    Cuadrúpedos varones
por los pechos unidos,
un hombre de tres cuerpos,
y un trifauce mastín en el abismo;
    Esfinge, harpías, y sierpes
de cuerpo desmedido,
gigante con cien manos,
y el guarda medio buey del laberinto;
    Esto creeré primero,
que crea aún por resquicios
que puede haber faltado
la constancia fiel de tu cariño.
    Entre los dos hay muchos
valles, montes, caminos;
pero el amor de veras
nunca jamás ausencias le han vencido.
    Tú estás en la Armedilla,
yo estoy en este silo;
tú estás en la Tebaida,
y yo en bosque peor que los de Egipto.

Aquí estoy desterrado,
y ya destituido
de mirar los alegres
campos pincianos, para mí floridos.

Ya no veré en Pisuerga
las ninfas de aquel río,
en cuyas dulces aguas
repetí las locuras de Narciso.

Y en fin, ya de las leyes
el gavilán oficio
renuncié; pues no quiero
ciencia que ofende al pobre y salva al rico.

A estudios más sublimes
desde aquí me dedico;
y lo que la fortuna
hacer quiera de mí yo determino.

Aquí estaré esperando,
cual si fuera en el limbo,
la piedad de los cielos
y el amparo eficaz de mis amigos.

Serán en este lance
sus acciones testigos
del que lo fue de veras,
y el que en prosperidad lo fue fingido.

Ya del verbo humanado
se acerca el natalicio,
feliz tiempo en que espera
mi triste corazón tener alivio.

Ya a experimentar viene
en los hombres inicuos
ingratitud quien solo
por verlos hace fuga del empíreo.

Ya se sujeta al tierno
omnipotente Niño
a sufrir impiedades
de aquellos a quien viene a dar auxilio.

Ya por fin de Isaías
se cumple el vaticinio,
y ya de las Sibilas
se admiran verdaderos los escritos.

Y ahora yo te deseo
todo gusto cumplido,
felicidad te anuncio,
y tu bien solamente solicito.
    Y ahora mandar puedes
al más constante amigo,
que serviste desea,
como por experiencia lo habrás visto.
    Bajo la helada bruma
este romance escribo,
tiritando las manos,
sonándome los dientes con el frío.

POEMA DE LA CAZA

(FRAGMENTO DEL CANTO V)

Hay en la España citerior un monte,
Canato los antiguos le llamaron,
y hoy Peñalara; si el feroz Tifonte
cuando el Pelión y el Osa colocaron
sobre Olimpo, este risco carpentano
pone, tocara el cielo con la mano.
    Bajo una peña cóncava pendiente
se ve grutesca bóveda escavada
contra el rayo estival del sol ardiente;
de náyades y ninfas es morada,
y en larga vena ofrece cristal frío
por cauce interno oculto manantío.
    Reviértese, formando gran laguna
de agua dulce, y de allí como en tramoya
a probar de otros ríos la fortuna
baja precipitándose el Lozoya,
y botalete es ya petrificada
la nieve de mil siglos congelada.
    Aquí Diana en el fogoso estío
venir suele a bañarse calurosa,
por ser albergue lóbrego y sombrío;
y de sus ninfas la cuadrilla hermosa
tejerla suele con ebúrneas manos,
cenador de cerezos y avellanos.

Más siempre esta agua se miró con tanta
veneración, que no la han profanado
de bruto ni varón la inmunda planta;
ni ramo de algún árbol desgajado
cayó a enturbiarla, ni alteró las ondas,
porque no altivo, o Báratro, respondas.
Pues si tal vez tiraron los pastores
con el sonante cáñamo algún canto,
que dilata los círculos mayores,
con gran tormenta y horroroso espanto
responden desde adentro, y a montones
cubren el cielo oscuros nubarrones.

Y la sonora tempestad creciendo,
granizo espeso con furor da al valle;
la laguna de Gredos respondiendo
desde las sierras de Ávila, a encontralle
despide otro turbión, y con desmayos
todo es truenos, relámpagos y rayos.

Aquí, pues, con sus castas compañeras,
dorando al Cancro el sol, llegó Pactina,
soberbia con despojos de las fieras,
y dijo: con el agua cristalina
(los cuerpos de las ropas despojados)
refresquemos los miembros fatigados.

Y el arco de oro y el carcaj de plata
con las tírtidas flechas deponiendo,
el cristal ya desnudo la retrata,
a quien su hermosa tropa va siguiendo;
mas veías aquí a Acteón, que entonces era
galán mozo, y cazando persevera.

Levantan gran clamor las ninfas bellas,
nunca usado en tan mudas soledades,
y a Cintia rodearon todas ellas,
que el rostro vuelve, y muestra crueldades,
y vergonzosa al joven traspasara,
si a mano las saetas encontrara.

Y así al rostro le arroja con la mano
colérica las aguas vengadoras.
Si puedes, dice, blasonar ufano,
que desnuda me has visto y a estas horas
cuéntalo; y luego que rociados fueron
las orejas y hocino le crecieron.

Muda los muslos en delgadas piernas,
de áspero vello el cuerpo se ha poblado,
y empiézanle a crecer las astas tiernas;
en puñal el pitón se ha prolongado,
ya escorrea el aspón, que antes fue usero,
garzotas echa, y busca escodadero.

Viendo en el agua su bestial figura,
¿cuál fue su gran dolor y sentimiento?
Mientras medios inútiles procura
(pues no perdió al instante su talento),
el primero Melampo el atrevido,
y Yenobates alzaron el ladrido.

Embiste Dromas, Canache y Dorceo,
Pánfago y Oribaso, arcades todos,
Harpalo, Too, Esticte y Melaneo;
Pemenis, Alce, Nebrófonos valiente,
Leucón blanco y Aelo el diligente.

Con dos hijos Harpía, y la engendrada
Nape de un lobo y Prérelas ligero,
Asbolo con Licisca acompañada
de su hermano Ciprión e Hilactor fiero,
el muy bravo Lacón y la peluda
Lacne, a quien Tigre y Lélape la ayuda.

Y ansiosos de la presa le seguían
por la ruda montaña inaccesible,
y aun sus quejas parece que decían:
Conoced vuestro dueño, si es posible,
Acteón soy; no lo oyen: repetidos
vuelve el eco aumentados los ladridos.

Melanguetes le dio una dentellada
primero por detrás, Teridamante
otra cerca, Oresitrofo se enfada,
y un hondo mordiscón hace que aguante;
y sus perros así desconocieron
al amo, a quien poco ha que obedecieron.

Así en el parque y alto bosquecillo
del fresco Balsaín queda espantado
del cazador que sigue al cervatillo;
aún no sus ojos tristes ha enjugado,
y en su semblante muestra que aún ahora
por el antiguo bien perdido llora.

A la cabra montes, corzo y paleto,
y al gamo caza de la misma suerte,
pues a la propia regla está sujeto;
su fuga es pico a viento aguda y fuerte,
y en las hembras no tanto; gustan ellas
del agridulce humor de las maellas.

Las hembras de esta especie han demostrado
que no el materno pecho es muy preciso
para que el hombre llegue a firme estado;
Amor, el fiero amor así lo quiso
con el nieto de Gárgoris, de extraña
fortuna, antiguo príncipe de España.

Dio a luz la infanta en parto clandestino
al montaraz Abidis, y una cierva
lo crió al pecho, a ser cazador vino,
y en correr diestro por la torpe yerba;
él nos dio leyes; dividió con maña
en conventos jurídicos la España.

Pizarro, que aunque más le repugnasen,
llevó su audacia, o temeraria o cuerda,
los nuestros al Perú, porque admirasen
el ver sus nombres a la mano izquierda,
expuesto a la inclemencia fue encontrado
cual Jove por la cabra amamantado.

¿Ni por qué callaré como se caza
el pardo lobo de ojos relucientes,
y abierta boca, con que despedaza,
que aguza con orégano los dientes?
Tú con bracos, lebreles y golosos.

Y de hierro con cepos espinosos,
tomarle debes; o con red ungida
con su estiércol, los perros atrevidos
serán por agasajo y la comida;
gustan ser halagados y queridos,
cual mayorazgo necio, mal criado,
mimoso, consentido y regalado.

En la ribera del Meandro cana
está el ciervo veloz amedrentado
del latir de los perros de Diana;
el lobo en Sietepicos se ha albergado,
y a vista a veces del pastor atento
lleva la res, ganado el sotavento.

Nota siempre en lo inculto del boscaje
cuando llamase el perro de parada,
que allí es fácil que acuda el carnalaje;
cauto le notarás la retirada;
mas porque no se ofenda el duro callo,
no siga sus pisadas tu caballo.

Son brutos tan voraces y tan fieros,
que ni a su misma especie han perdonado,
comiendo al flojo allá en sus ahulladeros,
donde naciendo Eresma despeñado,
hasta el Alcázar de Segovia y torre,
más que los corzos de su orilla corre.

Su gran ferocidad el rostro indica,
pues del alma es señal no muy dudosa;
mas tal vez, aunque rara, ello se implica
con maravilla; así la ninfa hermosa
a quien ni a amarla, ni a aplaudirla basto,
tiene el rostro lascivo, el pecho casto.

Pero el ingrato Amor ha prohibido
echar perro a la loba; pues del dueño
se olvida y la enamora en lo escondido;
yo a no fiar en lealtad te enseño
con su ejemplo del hombre más honrado,
si es de alguna pasión muy dominado.

Mas el cazador diestro la lebrela
fuerte con prontitud desatrahilla,
y en su alcance no corre, sino vuela;
no tiene que causarte maravilla
que a ser posible, inquietarán los cielos
las hembras instigadas de los celos.

Hombre fue el lobo y rey antiguamente,
a quien hoy Licaón la Arcadia llama;
pero como burlar a Jove intente
(si ciertas son las voces de la fama),
vuelto en bruto, las yermas soledades
habita, no olvidadas las maldades.

¡Cosa extraña! O los brutos fueron hombres,
o el hombre ha de mil mezclas resultado
generación mejor, o con renombres
tal vez al ser antiguo se ha tornado,
o lo que más con la razón conforma,
el hombre por sus vicios se transforma.

Yo en blanco cisne, como aquel de Leda,
seré así por mis versos transformado,
sin que el tiempo o la envidia herirme pueda;
un padrón a mi nombre he levantado
más duradero con mi humilde estilo
que el bronce y las pirámides del Nilo.

No faltará jamás quien me leyere
mientras que con doradas refulgencias
la rueda de los siglos se volviere;
el alma que hacen superior las ciencias
a vista de tal precio, en nada estima
cuanto se acuña en Méjico y en Lima.

A la edad más distante y venidera
seré inmortal llevado, y aunque expire
no seré tuyo, o tierra, cuando muera;
en su ignorancia sumergirse mire
el necio ocioso, que encerrar maquina
los intactos tesoros de la China.

Que yo cantando a *Luis* seré dichoso,
si de él ¡oh gran favor! el portentoso
monstruo de mi fortuna está guardado,
y a quien esperan darse prisioneras
en la batida general las fieras.

ANÓNIMO

LA NIÑA DEL MONTERO

I

Cenando están los cabreros,
arrimados a las ascuas;
cenando están en silencio
so la bóveda estrellada.
Gruñe el mastín de repente,
y como flecha se lanza
entre los secos jarales
y tras las peñas quebradas;
sus ojos parecen lumbre;
las melenas erizadas;
la fiera boca previene
y sacude las carlancas;
mas, de pronto, se detiene,
las pupilas dilatadas,
y el furor que le impelía
en frío terror se cambia;
quiere ladrar, y un aullido
de pavura se le escapa.
Ya tras él un zagal llega,
volteando la cayada,
y como él queda inmóvil;
tanto lo que ve le espanta.
Una visión transparente
ve que hacia él se adelanta;
es una mujer que llora
y le clava sus miradas,
que se acerca, que le toca,
y con voz acongojada
dice al zagal temeroso:
"¡Tú tampoco sabes nada!"

II

Al zagal, desvanecido,
han alzado los pastores,
y en el chozo, con el vino,
consiguen que se recobre.

Cuenta el mozo su aventura,
agitado por temblores,
y se santiguan los viejos,
que ya la historia conocen.
Escrutan con la mirada
en lo negro de la noche
por si la blanca fantasma
sigue en los alrededores,
y dicen un Padrenuestro
por la redención del pobre
espíritu vagaroso
que sufre penas atroces
hace muchos, muchos lustros,
flotando en aquellos bosques,
sin encontrar lo que busca,
llamando con tiernas voces,
dando a las veces aullidos
que el ánimo sobrecogen,
siempre llorando, y en torno
del mismo lugar en donde
muchos años hace estuvo
la antigua cruz de Serores.
Tranquilas ya las conciencias,
un viejo pastor se pone
a repetir la leyenda,
que el zagal escucha inmóvil:

III

En el Hoyo de Pinares
vivía un tiempo un montero
con su esposa y con su hija
como un querubín del cielo,
tan bella y dulce, que estaban
padre y madre a cual más ciego.
Después de una montería
del rey don Carlos tercero,
volvió el montero a su casa
consumido de deseos
de acariciar a su niña
envolviéndola en sus besos.

Mas, ¡ay!, que el hogar amante
estaba frío y desierto;
la niña había salido
al prado y no había vuelto,
y la madre, enloquecida,
temiendo un atroz misterio,
al ver llegada la noche,
saliose al campo, sin miedo,
dando gritos que desgarran
el corazón más perverso.
Helado quedó el buen padre
ante el horrible suceso;
montó en su Jaco peludo
y partiose como el viento.
Corrió bosques y praderas,
cruzó galopando el yermo,
entró en cuevas y barrancos,
y a la mañana, en un cerro,
encontró bajo unas peñas,
vacíos, casi deshechos,
los zapatos de su niña
junto a un reguero sangriento.

IV

Ved a la madre cuál corre,
valles y montes cruzando;
el instinto es quien la guía;
su amor alarga sus pasos;
hecha jirones la ropa
por las zarzas y peñascos,
con las carnes desgarradas,
sangrantes los pies y manos,
anhelante, con gemidos,
corre a su hija llamando.
Sabe que fueron las brujas
las que a su hija robaron
y va a disputar la presa
con mordiscos y arañazos.
—¡Brujas! ¿Dónde estáis las brujas?
(va la triste así gritando).
¿Dónde os juntáis esta noche,
que quiero despedazaros?

Y las ruinas de la Ermita
de los Moros registrando,
no halla a las brujas, y sigue
por el fondo del barranco.
Ante el viejo cementerio
de Cebreros se ha parado;
golpea recio en la puerta
a las brujas invocando,
y sólo el eco responde
a sus gritos desolados.
Una campana remota
lanza las doce al espacio;
a Oriente surge la luna,
que está en su menguante cuarto;
por encima de los pinos,
a través del aire helado,
siéntese crujir de huesos...;
suenan zumbidos extraños...;
son las brujas, que galopan
hacia el cerro de Guisando.

V

Hay una vieja cañada
más abajo de Cebreros,
y traspuesto el río Alberche,
que va a tierras de Toledo;
junto al cerro de Guisando
pasa este camino viejo,
tan apartado y tan solo
que, de noche, su misterio
produce a aquel que lo cruza
una crispación de nervios.
En lugar tan retirado
y en la ladera del cerro,
hace siglos, ciertos monjes
alzaron un monasterio.
A un lado de la cañada,
finando el siglo quinceno,
hubo una venta modesta,
de la que no quedan restos,
donde Isabel la Católica,
de tan glorioso recuerdo,

fue reconocida reina
por el castellano Reino.
Otras reliquias famosas
se hallan en el lado izquierdo
del camino y en un llano;
cuatro toros berroqueños,
tallados en tosca piedra
no sabe nadie en qué tiempos;
de los cuatro, hay uno roto,
derribado por el suelo,
y en los otros quedan huellas
de ciertos raros letreros;
miran todos al Poniente
y ninguno tiene cuernos.
A este lugar misterioso,
envuelto siempre en silencio,
llegó, en su carrera loca,
destrozada y sin aliento,
la pobre mujer aquella
que, por su hija gimiendo,
iba invocando a las brujas
en una noche de invierno.

VI

Cerca del cenit andaba
la luna la noche aquella
cuando, en torno de los toros
tallados en tosca piedra,
las brujas todas de Gredos,
con las de la Paramera,
de la Peña de Cadalso
y riscos de las Cabreras,
danzando en rápidos giros,
celebraban una fiesta.
Del toro que está en el medio
subido sobre la testa,
estaba un cornudo chivo
de barba rojiza y luenga,
presidiendo las locuras
de las arpías aquellas.

Daban terribles chillidos,
y al resplandor de una hoguera
se iluminaban sus caras,
espantables, más que feas.
Todo lo estaba mirando
la madre, de miedo llena,
sin atreverse a acercarse
a la inmunda patulea;
mas, besando con ternura
la cruz que consigo lleva,
siente el pecho confortado
y hacia las brujas se acerca.
—¡Dadme mi hija!—les grita;
y al punto la danza cesa,
y corren a rodearla
haciendo espantosas muecas;
ella avanza, decidida,
hasta el chivo que la observa;
el monstruo, con un balido,
le pregunta:—¿Qué deseas?
—¡Mi hija! (responde la madre).
¡La que me robaron éstas!
Pregunta el chivo a las brujas,
y todas entonces niegan;
después, a los cuatro vientos,
aúlla el chivo con fuerza
y del horrible alarido
dan cien ecos la respuesta.
Preséntanse cuatro lobos,
cuyos ojos centellean,
y dicen que en sus comarcas
nadie ha visto a la pequeña,
que si alguno la encontraba
no fuera mala merienda.
Irrítase el chivo entonces
y lanzando mil blasfemias,
clava sus ojos en una
de las brujas que le cercan
y así la acusa:—¡Tú has sido!
¡Tú, envidiosa y embustera!
—Sí, yo (responde la arpía).

Allí la tengo, en mi cueva;
allí la guardé, esperando
a que la madre viniera
para pagar el rescate
haciéndose compañera.
—No está mal (exclamó el chivo).
Si a aceptar estás dispuesta,
te daremos a tu hija
a condición de que vengas
a juntarte con nosotros
y a ser una de las nuestras.
En el Hoyo de Pinares
no hay mujer joven ni vieja
que represente a mi estado
de cien años a esta fecha.
Mas que espantada se halla
la madre con la propuesta;
duda un poco, no pensando
que en la duda se condena;
tanto el amor de su hija
le trastorna la cabeza.
Más pronto da un alarido;
la fe sus ojos incendia,
y un ¡no! rotundo sus labios
pronuncian como respuesta.
—Pues bien; dádsela a los lobos
(es del chivo la sentencia);
y a la madre, desde ahora,
hacédmela prisionera.
Ya vienen todas las brujas
a sujetarla con cuerdas;
mas ella levanta el brazo
y pone la cruz ante ellas;
prodúcese un torbellino,
la tierra y el cielo tiemblan,
y todos desaparecen
y sola la madre queda.
Rompe en llanto de amargura
y volver a casa piensa.
Comienza a andar y se doblan
por la fatiga sus piernas;
siente que la van siguiendo
y entonces el paso aprieta;

vuelve a correr como loca
cruza el Alberche y el Béceas...;
y a la cumbre de Serores
casi arrastrándose trepa...;
llega al fin ante las rocas
donde estaba una cruz puesta,
y sin lanzar un gemido,
de bruces se cae, muerta.
Allí, más tarde, su esposo,
lleno de dolor la encuentra.
El cuerpo fue recogido,
pero el alma quedó en pena.

VII

Desde entonces anda errante
por todos estos contornos
aquella alma desgraciada,
preguntando siempre a todos,
caminantes o pastores,
que la miran temerosos,
si pueden darle noticias
de la niña que el demonio,
por conducto de las brujas,
le robó en tiempos remotos.
¡Alma triste, que así vaga
sin momento de reposo,
e ignora que, al fin, su hija,
fue comida por los lobos!

GASPAR MELCHOR DE JOVELLANOS

(1744-1811)

FABIO A ANFRISO[5]

Desde el oculto y venerable asilo,
de la virtud austera y penitente
vive ignorada, y del liviano mundo
huida, en santa soledad se esconde,
el triste Fabio al venturoso Anfriso
salud en versos flébiles envía;
salud le envía a Anfriso, al que inspirado
de las mantuanas musas, tal vez suele
al grave son de su celeste canto
precipitar del viejo Manzanares
el curso perezoso, tal suave
suele ablandar con amorosa lira
la altiva condición de sus zagalas.
¡Pluguiera a Dios, oh Anfriso, que el cuitado,
a quien no dio la suerte tal ventura,
pudiese huir del mundo y sus peligros!
¡Pluguiera a Dios, pues ya con su barquilla
logró arribar a puerto tan seguro,
que esconderla supiera en este abrigo,
a tanta luz y ejemplos enseñado!
Huyera así la furia tempestuosa
de los contrarios vientos, los escollos
y las fieras borrascas, tantas veces
entre sustos y lágrimas corridas.
Así también del mundanal tumulto
lejos, y en estos montes guarecido,
alguna vez gozará del reposo,
que hoy desterrado de su pecho vive.
Mas ¡ay de aquel que hasta en el santo asilo
de la virtud arrastra la cadena,
la pesada cadena con que el mundo
oprime a sus esclavos! ¡Ay del triste
en cuyo oído suena con espanto,

---

[5] El duque de Veragua, don Mariano Colón.

por esta oculta soledad rompiendo,
de su señor el imperioso grito!
Busco en estas miradas silenciosas
el reposo y la paz, que aquí se esconden,
y sólo encuentro la inquietud funesta,
que mis sentidos y razón conturba.
Busco paz y reposo, pero en vano
los busco, oh caro Anfriso; que estos dones,
herencia santa, que al partir del mundo
dejó Bruno en sus hijos vinculada,
nunca en profano corazón entraron
ni a los parciales del placer se dieron.
Conozco bien que fuera de este asilo
sólo me guarda el mundo sin razones,
vanos deseos, duros desengaños,
susto y dolor, empero todavía
a entrar en él no puedo resolverme.
No puedo resolverme, y despechado,
sigo el impulso del fatal destino,
que a muy más dura esclavitud me guía.
Sigo su fiero impulso, y llevo siempre
por todas partes los pesados grillos
que de la ansiada libertad me privan.
De afán y angustia el pecho traspasado,
pido a la muda soledad consuelo,
y con dolientes quejas la importuno.
Salgo al ameno valle, subo al monte,
sigo del claro río las corrientes,
busco la fresca y deleitosa sombra,
corro por todas partes, y no encuentro
en parte alguna la quietud perdida.
¡Ay, Anfriso, qué escenas a mis ojos,
cansados de llorar, presenta el cielo!
Rodeado de frondosos y altos montes
se extiende un valle, que de mil delicias
con sabia mano ornó naturaleza.
Pártele en dos mitades, despeñado
de las vecinas rocas, el Lozoya,
por su pesca famoso y dulces aguas.
Del claro río sobre el verde margen
crecen frondosos álamos, que al cielo
ya erguidas alzan las plateadas copas,
o ya sobre las aguas encorvados

en mil figuras, miran son asombro
su forma en los cristales retratada.
De la siniestra orilla un bosque umbrío
hasta la falda del vecino monte
se extiende, tan ameno y delicioso,
que le hubiera juzgado el gentilismo
morada de algún dios, o a los misterios
de las silvanas Dríadas guardado.
Aquí encamino mis inciertos pasos,
y en su recinto umbrío y silencioso,
mansión la más conforme para un triste,
entro a pensar en mi cruel destino.
La grata soledad, la dulce sombra,
el aire blando y el silencio mudo
mi desventura y mi dolor adulan.
No alcanza aquí del padre de las luces
el rayo acechador, ni su reflejo
viene a cubrir de confusión el rostro
de un infeliz en su dolor sumido.
El canto de las aves no interrumpe
aquí tampoco la quietud de un triste,
pues sólo de la viuda tortolilla
se oye tal vez el lastimero arrullo,
tal vez el melancólico trinado
de la angustiada y dulce Filomena,
con blando impulso el céfiro suave,
las copas de los árboles moviendo,
recrea el alma con el manso ruido;
mientras al dulce soplo desprendidas
las agostadas hojas, revolando,
bajan en lentos círculos al suelo;
cúbrenle en torno, y la frondosa pompa
que al árbol adornara en primavera,
yace marchita, y muestra los rigores
del abrasado estío y seco otoño.
Así también la juventud lozana
pasan, oh Anfriso, las livianas dichas,
un soplo de inconstancia, de fastidio
o de capricho femenil las tala,
y lleva por el aire, cual las hojas
de los frondosos árboles caídas.
Ciegos empero, y tras su vana sombra
de contino exhalados, en pos de ellas

corremos hasta hallar el precipicio,
do nuestro error y su ilusión nos guían.
Volamos en pos de ellas, como suele
volar a la dulzura del reclamo
incauto el pajarillo. Entre las hojas
el preparado visco le detiene;
lucha cautivo por huir, y en vano;
porque un traidor, que en asechanza atisba,
con mano infiel la libertad le roba,
y a muerte le condena, o cárcel dura.
¡Ah, dichoso el mortal de cuyos ojos
un pronto desengaño corrió el velo
de la ciega ilusión! ¡Una y mil veces
dichoso el solitario penitente,
que, triunfando del mundo y de sí mismo,
vive en la soledad libre y contento!
Unido a Dios por medio de la santa
contemplación, le goza ya en la tierra;
y retirado en su tranquilo albergue,
observa reflexivo los milagros
de la naturaleza, sin que nunca
turben el susto ni el dolor su pecho.
Regálanle las aves con su canto,
mientras la aurora sale refulgente
a cubrir de alegría y luz el mundo.
Nácele siempre el sol claro y brillante,
y nunca a él levanta conturbados
sus ojos, ora en el Oriente raya,
ora del cielo a la mitad subiendo
en pompa guíe el reluciente carro,
ora con tibia luz, más perezoso
su faz esconda en los vecinos montes.
Cuando en las claras noches cuidadoso
vuelve desde los santos ejercicios,
la plateada luna en lo más alto
del cielo mueve la luciente rueda
con augusto silencio; y recreando
con blando resplandor su humilde vista,
eleva su razón, y la dispone
a contemplar la alteza y la inefable
gloria del Padre y Criador del mundo,
libre de los cuidados enojosos
que en los palacios y dorados techos

nos turban de contino, y entregado
a la inefable y justa Providencia,
si al breve sueño alguna pausa pide
de sus santas tareas, obediente
viene a cerrar sus párpados el sueño
con mano amiga, y de su lado ahuyenta
el susto y los fantasmas de la noche.
¡Oh suerte venturosa, a los amigos
de la virtud guardada! ¡Oh, dicha, nunca
de los tristes mundanos conocida!
¡Oh monte impenetrable! ¡Oh bosque umbrío!
¡Oh valle deleitoso! ¡Oh, solitaria,
taciturna mansión! ¡Oh, quien del alto
y proceloso mar del mundo huyendo
a vuestra eterna calma, aquí seguro
vivir pudiera siempre y escondido!
Tales cosas revuelvo en mi memoria,
en esta triste soledad sumido.
Llega en tanto la noche, y con su manto
cobija el ancho mundo. Vuelvo entonces
a los medrosos claustros. De una escasa
luz el distante y pálido reflejo
guía por ellos mis inciertos pasos,
y en medio del horror y del silencio,
¡oh fuerza del ejemplo portentosa!,
mi corazón palpita, en mi cabeza
se erizan los cabellos, se estremecen
mis carnes, y discurre por mis nervios
un súbito rigor que los embarga.
Parece que oigo que del centro oscuro
sale una voz tremenda que, rompiendo
el eterno silencio, así me dice:
"Huye de aquí, profano; tú, que llevas
de mundanas pasiones lleno el pecho,
huye de esta morada, do se albergan
con la virtud humilde y silenciosa
sus escogidos; huye, y no profanes
con tu planta sacrílega este asilo".
De aviso tal al golpe confundido
con paso vacilante voy cruzando
los pavorosos tránsitos, y llego
por fin a mi morada, donde ni hallo
el ansiado reposo, ni recobran

la suspirada calma mis sentidos.
Lleno de congojosos pensamientos
paso la triste y perezosa noche
en molesta vigilia, sin que llegue
a mis ojos el sueño, ni interrumpan
sus regalados bálsamos mi pena.
Vuelve, por fin, con la risueña aurora
la luz aborrecida, y en pos de ella,
el claro día a publicar mi llanto,
y dar nueva materia al dolor mío.

(Epístola desde el Monasterio del Paular.)

Siglo XIX

JOSÉ SOMOZA

(1781-1852)

LA LAGUNA DE GREDOS

Entre escarpadas puntas
de una sierra nevada,
sobre otra tierra alzada,
el hondo lago vi;
vi el lago en que sepultas,
¡oh Gredos!, mil torrentes,
que elevadas pendientes
hunden por siempre en ti.
Ruedan las olas dentro,
la salida buscando,
y en derredor bramando
de su eterna prisión;
pero luego en su centro
cesa el ruido espantoso;
silencio pavoroso
sigue a su agitación.
Tendió el ala en el polo
el viento del desierto,
y el lago, al soplo yerto,
es hielo inmóvil ya.
El cardo triste y solo
en su orilla nacido,
de Bóreas al silbido,
sobre él huyendo va.
Densa niebla oscurece
su cumbre, asiento eterno
del trono del invierno,
hijo del Septentrión.
Entre ella resplandece
nevado el ventisquero,
vuela en su reverbero
deslumbrado el halcón.

Busca incierto su nido,
y del etéreo cielo
la escarcha el pino erguido
sacude inútilmente,
sus ramas tristemente
hace el peso crujir.
El águila despierta
sobre el césped marchito
de la roca, y su grito
vaga en la soledad.
¡Ay, laguna desierta!
Ese témpano helado
semeja del malvado
la insensibilidad.
La congelación fría
del corazón humano,
que el corazón insano
del vicio endureció.
Luto y melancolía
cubre el antro insondable,
que en yermo inhabitable
el tiempo transformó.
Muros de rocas cerca
la inaccesible orilla,
do el rayo jamás brilla
de benéfica luz.
Jamás allí se acerca
céfiro puro y blando,
en sus alas llevando
esperanza y salud.
Su estéril esperanza
venenos da homicidas,
que a las entumecidas
víboras den vigor.
Plegue a naturaleza
en un temblor horrible
hundirte, ¡oh insensible
páramo de terror!

EUGENIO DE OCHOA

(1815-1845)

LOS BAÑOS DE PANTICOSA

Con pavoroso estruendo
descienden por las breñas,
rompiéndose entre peñas
y el valle ensordeciendo,
cien hermosas cascadas
de las aéreas cumbres desatadas.
No es más blanca la nieve
que esos largos raudales;
por estrechas canales,
ya anchurosa, ya breve,
cada corriente baja
y con su empuje los peñascos raja.
¿Adónde corre, adónde
en su furia insensata
la corriente de plata?
—A descansar—responde
su voz, cual la del trueno—.
¡A descansar en el ibón sereno!
A esta solemne voz de las montañas
que percibir mi mente se figura,
mi pensamiento lleno de amargura
conmueve mis entrañas.
Y al ver cuán impaciente y afanosas,
por llegar pronto al anchuroso lago,
lánzanse las cascadas espumosas,
entre fragor y estrago,
por las ásperas faldas de la sierra,
exclamo: ¡Así en la tierra
nos trabaja el destino a los mortales!
Y, ¡ah!, ninguno tal vez de esos raudales,
ni aun el que de más alto se derrumba,
al ibón deseado
llega tan quebrantado
cual nosotros los hombres a la tumba!

JOSÉ ZORRILLA

(1817-1893)

EL CREPÚSCULO DE LA TARDE

Sentado en una peña de este monte
tapizado de enebros y maleza
estoy viendo en el cárdeno horizonte
reverberar el sol en su grandeza.

Y allá esconde su luz tras la colina,
y se cree que su sombra nos oculta
otra región luciente y cristalina
do airado el sol su púrpura sepulta.

Arde la cima; el horizonte extenso
trémulo brilla con purpúrea lumbre;
un mar de grana Je circunda inmenso,
y un piélago de sol flota en la cumbre.

El sol se va; su rastro luminoso
ha quedado un instante en su camino:
¿Quién seguirá en su curso misterioso
la infinita inquietud de su destino?

El sol se va; la sombra se amontona;
las nubes en opacos escuadrones
avanzan al ocaso, y se abandona
la atmósfera a sus rápidas visiones.

Si es que despiden a la luz del día,
si atropellan la luz porque se acabe,
si son cifras de paz o de agonía,
desde el Sumo Hacedor nadie lo sabe.

El sol se va; las nieblas se levantan;
los fuegos del crepúsculo se alejan;
murmura el árbol y las aves cantan;
¿y quién sabe si aplauden o se quejan?

Gime la fuente, y silban los reptiles
que guarda entre sus algas la laguna,
y las estrellas por Oriente a miles
trepan en pos de la inocente luna.

El sol se va; ya en ilusión tranquila
de aérea nube entre el celaje gayo
que tras su lumbre con afán se apila
desmayado pintó su último rayo.

Adiós, fúlgido sol, gloria del día,
duerme en tu rico pabellón de grana;
ora nos dejas en la noche umbría,
pero radiante volverás mañana.

Húndete en paz, ¡oh sol!, que yo te espero;
yo sé que volverás de esas regiones
do allende el mar como a inmortal viajero
te esperan otro mar y otras naciones.

Y te esperan allá, porque allá saben
que al hundirte en la playa más lejana,
les dejas en tinieblas porque alaben
la nueva luz que les darás mañana.

Yo sé que volverás, ¡luz de los cielos!,
y ese volcán con que tu ocaso llenas
del alba al desgarrar los tenues velos
cinta será de blancas azucenas.

Ve en paz, y allá te encuentres bulliciosa
otra feliz desconocida gente,
que ora tal vez pacífica reposa
a la luz de la luna transparente.

Ve en paz, ¡oh rojo sol!, si allí te esperan,
que allí tras otros mares y otros montes
derramados tus rayos reverberan
en otros infinitos horizontes.

Tú alumbras las recónditas riberas,
donde una gente indócil y atezada
alza en medio de bosques de palmeras
las tiendas en que duerme descuidada.

Tú alumbras las medrosas soledades
donde no crecen árboles ni flores,
donde ruedan las roncas tempestades
sobre un vasto arenal sin moradores.

Tú alumbras en sus márgenes cercanas
un pueblo altivo que a tu vasallo
te muestra sus bellísimas sultanas
en el secreto harén de su serrallo.

Tú ves el blanco y voluptuoso seno
de la europea en su niñez cautiva,
el rojo labio de suspiros lleno,
la frente avergonzada, pero altiva.

Tú ves la indiana de ébano orgullosa
con su tostada y vívida hermosura
que entre dos labios de encendida rosa
asoma de marfil su dentadura.

Tú alumbras esas danzas y festines
en que negras y blancas confundidas
unas de otras se ven en los jardines
cual sombras de sus cuerpos desprendidas.

Tú alumbras los recuerdos portentosos
de Atenas, de Palmira y Babilonia,
y a par te esperan de tu lumbre ansiosos
monstruos de Egipto y cisnes de Meonia.

Te esperan las cenizas de Corinto,
las playas olvidadas de Cartago
y del Chino el recóndito recinto,
y el salvaje arenal del Indio vago.

Te esperan de Salen los rotos muros,
del muerto mar los ponzoñosos riscos,
que de los pueblos de Gomorra impuros
son a la par sepulcros y obeliscos.

Tú sabes dónde están las calvas peñas
en donde los primeros cenobitas
de Cristo tremolaron las enseñas,
alcázares tornando sus ermitas.

Tú sabes el origen de las fuentes,
los mares que no surcan raudas velas,
en qué arenas se arrastran las serpientes,
y en qué desierto vagan las gacelas.

Tú sabes dónde airado se desata
el ronco y polvoroso torbellino,
dónde muge la excelsa catarata,
por dónde el hondo mar se abre camino.

Mas ya en tu ocaso tocas y te alejas;
ante ese inmenso pabellón de grana
cuán ciego sin tu luz, ¡oh sol!, me dejas...
Mas vete en paz, que volverás mañana.

—

¡Mañana! ¡Y en tanto crecen
esos fantasmas de niebla
con que el ambiente se puebla
en fantástico tropel!
Y se agolpan esas nubes
que acaso al sol atropellan,
se confunden y se estrellan
despeñándose tras él.

¡Mañana! Y de aquesta sombra
entre el denso opaco velo,
no veo el azul del cielo,
valles, ni montes, ni mar.
¡Mañana! Y ora encerrado
en esta atmósfera oscura,

sé que existe la hermosura
sin poderla contemplar.

¡Mañana...! Y en esta noche
tan tenebrosa en que quedo,
me acongojan y dan miedo
la noche y la soledad;
doquier que vuelvo los ojos,
doquier que tiendo una mano,
miro y toco el ser liviano
y la negra oscuridad.

Siento que a mi lado vagan
fantasmas que no conozco;
veo luces que se apagan
al intentarlas seguir;
percibo voces medrosas
que entre la niebla se pierden,
sin saber lo que recuerden
ni lo que intenten decir.

Siento herirme la mejilla
un soplo vago y errante,
como un suspiro distante
de alguien que pasa por mí.
Tiemblo entonces, temo y dudo,
mis años y mis momentos
metieron mis pensamientos
en estrecha cuenta allí.

¿Qué negro sueño es aqueste,
qué delirio el que padezco?
¿Esta sombra que aborrezco
cuándo pasa? ¿Adónde va?
La siento sobre mi frente
que en masa gigante rueda,
y siempre sobre mí queda,
siempre ante mi vista está.

En la sombra, me dijeron,
se delira y se descansa,
el pesar duerme y se amansa,
la aflicción toca en placer;

en la sombra estamos solos,
no nos oyen ni nos miran,
todos los ecos conspiran
nuestro mal a adormecer.

Mas yo aquí conmigo mismo
oigo y veo, y toco y siento
a mi propio pensamiento
y a mi propio corazón;
no estoy solo, no descanso,
me oyen, me ven, no deliro...
Y estos fantasmas que miro,
¿qué me quieren? ¿Quiénes son?

Oigo el agua que murmura,
siento el aura que se mueve,
miro y toco, y sombra leve
hallo sólo en derredor;
busco afanoso, y no encuentro;
pregunto, y no me responden;
¡ay! ¿Do están? ¿Y do se esconden
los consuelos del dolor?

No sé, que el cielo encapotan
esas nubes cenicientas
que se arrastran turbulentas
por la atmósfera sutil;
no sé... mas siento que todos
los recuerdos de mi vida
en tropa descolorida
me asaltan de mil en mil.

No sé... ¡porque no es reposo
este nocturno tormento
que el escuadrón macilento
de mis recuerdos me da!
¡Tantas imágenes bellas
que giran en mi memoria!
¡Tantas creencias de gloria
que son ilusiones ya!

Flores marchitas del tiempo
de olor exquisito y sumo,

que pasaron como el humo,
que no volverán jamás...
Sol, tú has hundido tu frente
tras la espalda de ese monte,
mañana en el horizonte
otra vez te elevarás.

Sol, ¡mañana más radiante
en los brazos de la aurora
tornará tu encantadora
soberana esplendidez!
Sol, tú ruedas por los cielos;
mas por el cielo que pueblas,
no tropiezas con las nieblas
de esta vaga lobreguez.

Sol, tú vuelves más sereno
de tu viaje cotidiano;
sol, tú no esperas en vano
que volverás desde allí.
Sí, tú volverás mañana;
mas al tocar en tu oriente,
¿sabes tú, sol refulgente,
si mañana estaré aquí?

—

Mas vete en paz, ¡oh sol!, baja tranquilo
por ese rastro de esplendente grana.
Yo en esta roca buscaré un asilo
hasta que vuelvas otra vez mañana.

Me han dicho que en la noche silenciosa
los espíritus vagan en el viento,
que flotan en la niebla misteriosa
sílfides blancas de aromado aliento.

Que las aéreas sombras bienhadadas
de los que eran aquí nuestros amigos
vienen sobre las brisas desatadas
del nocturno reposo a ser testigos.

Me han dicho que en los bosques apartados,
en las márgenes frescas de los ríos,
por el agua y las hojas arrullados,
en torno de los árboles sombríos,

danzan alegres de su paz gozando,
y a los que en vida con afán querían
desde la turba de su alegre bando
ilusiones dulcísimas envían.

Y dicen que ésos son los halagüeños
fantasmas que en la noche nos embriagan,
ésos los blancos y aromosos sueños
que en nuestra mente adormecida vagan.

Tal vez será verdad; vendrán acaso
nuestra vida a endulzar esas visiones,
y de una estrella al resplandor escaso
entonarán sus mágicas canciones.

Sí, tal vez a sus madres amorosas
colmarán de purísimos cariños
las transparentes sombras vaporosas
de los risueños inocentes niños.

Tal vez venga el esposo enamorado
al triste lecho de la esposa viuda
a darla en paz el beso regalado
que en su labio agostó la muerte ruda.

Tal vez sean su voz esos suspiros
con que la oscura soledad resuena,
y su aliento esa brisa a cuyos giros
mansa murmura la floresta amena.

Tal vez será verdad... pero a mí, triste,
que no me vela amante y cuidadosa
esa sombra que a alguno en paz asiste,
amigo, hermano, idolatrada esposa;

a mí, que no me cercan esos vagos
benéficos fantasmas de la noche,
que en las ondas se mecen de los lagos
o de la flor en el cercado brota;

a mí, ¡triste de mí!, no me acompañan
esas sombras de amor, blancas y bellas,
porque mi adusta soledad extrañan,
porque yo velo mientras vagan ellas.

Yo no tengo una madre ni un amigo
que deje los alcázares del cielo,
y en nocturna visión venga conmigo
a prestarme en mi afán calma o consuelo.

Yo, a quien los suyos ofendidos lloran,
a quien no deben más que su amargura,
recelo de los mismos que me adoran,
temo el misterio de la sombra oscura.

No hallo en ella ni sílfides ni magas,
que en esas solitarias ilusiones
sólo siento en redor torvas y vagas
las memorias de hiel de mis pasiones.

No quiero sombra, ¡oh noche! ¡Te aborrezco!
Odio la luz de tu tranquila luna,
ante tus bellas sombras me estremezco,
porque no tienes para mí ninguna.

Yo amo al sol, baja refulgente
revestido de pompa soberana,
yo espero al sol que por el rojo Oriente
vuelve a nacer espléndida mañana.

Yo amo la luz, y el cielo, y los colores,
detesto las tinieblas, amo el día,
todas en él las auras son olores,
todos en él los ruidos armonía.

Entonces reverbera el manso río,
abren su cáliz rosas y azucenas,
y las lágrimas puras del rocío
bordan sus hojas de perfume llenas.

Yo espero al sol, entonces se levanta
la tierra a saludarle perezosa,
y el ruiseñor entre los olmos canta,
y llena blando son la sombra umbrosa.

Yo espero al sol porque su luz gigante
me deslumbra y embriaga y enloquece,
y al seguirle en su curso rutilante
mi pesar en el pecho se adormece.

Sol... ¡inmortal y espléndido viajero!
Yo, como tú, me perderé sin tino,
iré desconocido pasajero
sin término vagando y sin camino.

Ya bramen los resueltos temporales,
ya murmuren las brisas perfumadas,
ya cruce por desiertos arenales,
ya me pierda en florestas encantadas,

en los mullidos lechos de un serrallo,
en la triste mansión de una mazmorra,
altivo triunfador, servil vasallo,
negra fortuna o liberal me acorra,

te buscaré a través de las cadenas,
bajo los ostentosos pabellones,
del río por las márgenes amenas
y a través de los rotos murallones.

Yo buscaré tu lumbre soberana
del mar tras los cristales movedizos,
y soñando a los pies de una sultana
en la espiral de sus flotantes rizos.

Y tal vez de un proscripto los cantares
desde unas costas lúgubres y solas,
lleguen cruzando los inmensos mares
a sus queridas playas españolas.

¡Feliz entonces si a la fin pasados
mis locos, criminales extravíos,
de mis fúnebres cánticos tocados,
les merezco una lágrima a los míos!

Conjuraré a los céfiros ligeros
de aquellas selvas a la mar vecinas,
y a los rápidos bandos pasajeros
de las sueltas y pardas golondrinas.

Que ingrato a cuanto amé, solo y perdido,
un verdugo alimento en mi memoria;
y para hundirla entera en el olvido,
loco deliro un porvenir de gloria.

Gloria o sepulcro, ¡oh sol!, busco anhelante;
gloria o tumba tendrá mi audacia insana,
si buscas mi destino, ¡oh sol radiante!,
yo estaré aquí; levántate mañana.

JUAN MENÉNDEZ PIDAL

(1861-1915)

EL ROMANCE DE LAS NIEBLAS

Entre esos montes cuya agreste cumbre
corona oscura sierra,
del crepúsculo vago en el silencio
y por la sombra densa,
flotando van dos pálidos jirones
de vaporosa niebla;
humanos seres que el espacio cruzan
trabados de las manos, asemejan...
Trepad aquí; desde esta altiva roca
contemplaréis mejor su marcha incierta.

Despierta a mi conjuro, vieja luna,
sol muerto que iluminas
el perpetuo crepúsculo en que viven
esos seres fantásticos que el día
condena a inmóvil sueño; surge, luna,
y con tu luz tranquila,
porque mirarlas puedan nuestros ojos,
esas blancas visiones ilumina...

Ahora se ven; marchando con pereza,
avanzan en silencio pensativas
y, con pausado andar, sin rumbo fijo,
del hondo valle en el espacio giran,
dejando por los tajos de la sierra,
por entre cuyas hoces se deslizan,
jirones de sus túnicas flotantes
que al aura fresca de la noche oscilan.

Yo he nacido en los picos de esta sierra;
yo soy el trovador de estas montañas;
converso con los genios de los bosques;
en soledad platico con las hadas;
yo sé la historia de esas sombras frías

que entre la bruma vespertina vagan,
y os la voy a contar: oíd la historia
del amor de dos almas:

I

Hubo en tiempos un Rey moro
en Medina de Castilla
que en muchas tierras mandaba
y bellas hijas tenía;
si muy bellas eran todas,
de todas es la más linda
la hija menor del Rey moro,
del Rey moro de Medina.
Reyes, Príncipes y Condes
de amores la requerían,
y a los amantes requiebros,
por no hacer descortesía,
replicaba ella que aún era
para maridar muy niña.
La causa de sus desdenes
los amantes no sabían,
¡y a no pocos torturaban
desdenes de Rosalinda!...
¡Feliz don Suero Buyeres,
el señor de Penubiña,
que a tan linda enamorada
rendido de amor servía!...
Él era muy gentil mozo,
de sangre noble y altiva;
¡el más bravo mesnadero
que el Rey de León tenía!
Y aunque amores del cristiano
al Rey moro no placían,
por él sufría del padre
fieras torturas la niña;
por él lloraba en su celda
ausencias de muchos días;
no iba, por él, a las zambras
y sólo por él vivía...
¡Feliz don Suero Buyeres,
el señor de Penubiña!

Mañanita de San Juan,
al primer claror del día,
cuando con tiernos halagos
se besan flores y brisas,
por el amor desveladas
madrugan las avecicas,
y olvidando sus rencores,
y unidos por la alegría,
los moros y los cristianos
hacen fiestas en Medina;
a Medina fue don Suero,
por amor de Rosalinda.

Viola estar entre otras bellas,
algunas dellas cautivas,
en un sombrío alamedo
de un río junto a la orilla;
con tréboles coronada,
de ricos paños vestida,
tañendo, en son reposado
y monótona armonía,
un pandero guarnecido
de cascabeles y cintas;
los párpados entornados
con dulce melancolía;
una mano en la cadera,
en la boca una sonrisa;
más que cantando, llorando
coplas en algarabía,
y su bien tajado cuerpo
moviendo en danza lasciva.
Nunca se vio juglaresa
por la tierra de Castilla
que sepa tales mudanzas,
que tales canciones diga.
—Si cantáis vuestros amores,
dijo don Suero a la niña;
si cantáis vuestros amores,
no debéis ser bien querida...
¡y, por mi fe, que es injusto
que otra os robe las caricias!
—Amores son de romance
los que yo cantado había;
pues yo nunca tuve amores,

sino con vos, por mi dicha...
Dármelos quiere hoy mi padre,
cuando a mí no me placía;
dármelos quiere de un moro
de mi linaje y familia...
    Lágrimas de sus ojuelos
rodaron por sus mejillas;
miráronse tiernamente
el caballero y la niña,
a hurtadillas de sí mismos
como los amantes miran,
y hablaron quedo... muy quedo;
yo no sé qué se decían,
pero don Suero temblaba
delante de Rosalinda;
ella, enjugando los ojos,
a veces se sonreía;
y las dulzainas en tanto,
alegres sones tañían;
danzas moriscas danzaban
mozos y mozas garridas;
bofordaban los donceles,
y murmuraba la envidia.

II

    Antes de la medianoche
tocan al arma en Medina;
en la plaza cien jinetes;
luces en las celosías;
crujir de armas en las calles;
pláticas en las esquinas;
cuatro centinelas muertos...,
y, maldiciendo con ira,
puesto ya el pie en el estribo,
el Rey moro de Medina,
mientras que por unas vegas,
a seis leguas de la villa,
un caballo sudoriento
huye a carrera tendida
con una dama a las ancas
y un caballero a la silla.

—¡Hala, mi caballo, hala!...
Yo premiaré tus fatigas;
si a las bandas de León
me pasas antes del día,
daránte sopas en vino
las manos de Rosalinda,
y en cebaderas de plata
pienso y medio cada día.
De don Suero a la cintura
abrazada va la niña,
volviendo sus negros ojos,
llena de espanto, a Medina;
y al ver volar el caballo,
de placer se sonreía.
—¿Qué serán aquellos fuegos
que lejanos se divisan?...
—Nada receles, bien mío,
no tengas miedo, mi vida;
atalayas son de moros
esas hogueras que brillan;
al pie de esas atalayas
los centinelas vigilan;
que a León cercan los moros,
a León la bien guarnida.

Antes de romper el alba
por frente a León caminan,
y por apartadas sendas
enderezaron su vía.

Razonando van de amores
el cristiano y Rosalinda,
juntando boca con boca
como mansas palomicas,
cuando allá en el horizonte
vieron clarear el día.

Tres días así anduvieron;
y al cabo de los tres días,
los altos puertos pasaban
por las más desiertas cimas.
¡Ya blanquean con la nieve
las cumbres de Penubiña!...
—¿Ves aquellos altos picos
envueltos por la neblina?...

¡¡Pues allí, cerca del cielo,
serás para siempre mía!!
    Así decía el galán
a la que en su amor cautiva
aún volvía atrás los ojos
temiendo perder tal dicha,
cuando allá en lejanos montes
apareciose a su vista
de lanzas movible selva
que al valle se precipita.
¡Y entre aquel bosque de lanzas
bien conoció Rosalinda
los recamados pendones
del Rey moro de Medina!
Abrazose al caballero,
muda de terror y lívida;
creyendo acaso ocultarse
del Rey, su padre, a las iras,
convulsa apretó los ojos...
y dio un grito estremecida.
—¡Hala, mi caballo, hala,
que en ti mi suerte se fía!
Si antes de ponerse el sol
me llevas a Penubiña,
trenzarán tus negras crines
las manos de Rosalinda
y en albercas de oro fino
te abrevará cada día.
    ¡Cómo escapaba el caballo
por aquellas praderías!
Saltando matas y arroyos,
resbalando entre las guijas,
aguantando en las pendientes,
trepando las agrias cimas,
galopando en las llanuras,
ciego el caballo camina.
Derecho va al precipicio...
¡Ay de don Suero y la niña!
Don Suero el caballo enfrena;
ya no obedece a la brida.
Dos pasos más y... la muerte.
¡Allá van! ¡Dios les asista!

que en el barranco profundo
el corcel se precipita...
        Abrazados descendieron
los amantes a la sima;
y en aquel supremo instante
de morir, diéronse cita;
todo su amor a sus labios,
toda su alma a sus pupilas,
cual queriendo en aquel punto
compendiar toda su dicha
y amarse en él cuanto hubieran
de amarse toda la vida.
        Así los halló la muerte;
así la vida terminan
en un éxtasis de amor
ambas sus almas fundidas
al fuego de sus miradas
y de un beso a las caricias,
llevando, al partir, consigo
todo el amor que sentían.
        Al descender al barranco
el padre de Rosalinda,
sólo halló, en sangre revueltos
del hondo río a la orilla,
los cuerpos de los amantes
en donde saciar sus iras.
Con saña apartó sus cuerpos;
las almas ya no podía;
que cual cándidas palomas
abandonaron unidas
aquellos nidos de amor
en que aún su calor palpita.
        Al cielo entrar no pudieron,
pues no iban de culpa limpias;
al infierno no bajaron,
porque no lo merecían;
por eso entre cielo y tierra
vagan sus almas perdidas
purgando el terreno amor
que al morir ambas sentían,
amor que no abandonaron
al cruzar la ignota vía
que hay desde la tierra al cielo,

amando como en la vida.
¡Y ese amor es su martirio!
Por eso, hasta que lo olvidan,
en el infinito espacio
han de vivir suspendidas
en leve cuerpo de niebla,
una vida que no es vida.
    ¡Oh, que mal haya el Rey moro,
el Rey moro de Medina;
que por él penan las almas
del cristiano y Rosalinda!

    Vedlas; aquí se acercan silenciosas;
con tardo andar caminan.
Pálido el rayo de la errante luna
que el espacio ilumina,
orla de plata el primoroso encaje
don que llevan sus ropas guarnecidas.
    ¡Una oración por sus dolientes almas!
A nuestro lado pasan... ¡De rodillas!
¿Veis esas que cual gotas de rocío
en los arbustos de la sierra brillan?...
Lágrimas son de sus nublados ojos...
    Ya mi frente acarician
los pliegues de sus túnicas flotantes
que al aura fresca de la noche oscilan.
    Así la canción pagan del poeta;
refrescando su sien enardecida,
con las móviles orlas de sus mantos
y lágrimas de amor de sus pupilas.

Puerto de Pajares, 1885

CANTIGA SERRANA

Ya se van los ganados
a Extremadura;
ya se queda la sierra
triste y oscura.
¡Ya se van los pastores,
ya van marchando;
más de cuatro zagalas
quedan llorando!

I

Pasaron del verano
los claros días,
los del invierno llegan
con sus neblinas.
Sombrío quedó el cielo,
mustia la tierra;
ni tiene el prado flores
ni el cielo estrellas.

Secas vuelan las hojas
como un enjambre;
con las hojas del bosque
marchan las aves,
y de las avecillas
con las canciones
otros climas buscando
van los pastores.

Por el árido lomo
de la montaña,
una gigante sombra
se mueve y pasa.
¿Acaso el sol de invierno
débil proyecta
la sombra de una nube
sobre la sierra?...

No, lo que nuestros ojos
allá columbran,
no es de una errante nube
la sombra oscura;
entre nubes de polvo
va caminando
el rabadán que emigra
con sus rebaños.

Y así, como escuadrones
del mismo ejército,
pasan unos tras de otros
los ganaderos;
pasan, y pasan
como una tenue sombra
por la montaña.

Que ya la *flor de invierno*
brotó en el prado;
ya la nieve hace trono
de Picos Albos;
ya el lobo en la Congosta
lúgubre aúlla...
ya se van los ganados
a Extremadura.

II

Puerto de los Outedas
agrio y fecundo,
tus selvas quedan solas,
tus bosques mudos;
sólo el río por ellos
ya pasa y canta,
la canción del olvido
cantando pasa.

Noches claras y tibias
de luna llena,
en que aroma el ambiente
la madreselva,
y en que un millón de estrellas

tiembla en el cielo
como argentadas hojas
de un alamedo.

Noches de amor, pasasteis,
y con vosotras,
las circulares danzas
y alegres coplas,
a las cuales marcaba
mudanza y sobes
el cuadrado pandero
con rudos golpes.

Pasaron las veladas
en que, en son grave,
el mayoral decía
viejo romance,
llorando con la historia
de *Doña Iselda,*
del rabel triplicorde
la nota eterna.

Mientras que atentas, mudas,
las mozas hilan
y hacen rodar el huso
cual más de prisa;
y guiños los pastores
haciendo, mueven
el odre, mientras cuajan
la blanca leche.

¡De tantas alegrías
e idilios tiernos,
en esos prados queda
sólo el recuerdo!
Aún humea el rescoldo
de esas cabañas,
y así el recuerdo humea
sólo en las almas.

Gruñendo los arroyos
bajan del monte,
y el sol no irradia en ellos

su lampo móvil;
el viento en las cañadas
silba con furia...
¡ya se queda la sierra
triste y oscura!

III

En pos de sí dejando
sombra y tristeza,
va la nube que cruza
la cordillera;
y entre el polvo que mueven
esos rebaños,
acorde son de esquilas,
risas y cantos.

Sobre recia y ventruda
yegua cuatralba,
entre mantas y enseres
puesto a horcajadas,
el rabadán canoso
marcha cubierto
con la de doble oreja
gorra de pelo.

Y dos fieros mastines
de piel hirsuta,
y al cuello la carlanca
de férreas puntas,
le siguen como hastiados
de ir de camino,
culebreando el cuerpo
medio dormidos.

Dispersos los zagales
entre el rebaño,
con un diestro silbido
guían el hato,
que al escuchar el silbo
gira uniforme,
como a la voz de mando
los escuadrones.

Así alegres trashuman;
que el alma engendra
en nuevos horizontes
ideas nuevas;
llevan delante de ellos
luz e ilusorias
esperanzas, y dejan
olvido y sombra.

No; atrás no queda todo
con el paisaje;
algo llevan consigo
de esos lugares;
un cantar a sus labios
cae desde el alma,
y el cantar vierte aromas
de la montaña.

Grato al alma el recuerdo
vuelve, y entonces
en silencio marchando
van los pastores;
mientras que las ovejas
y cabritillos,
las cañadas atruenan
con sus balidos.

El dulce amor, la danza,
la fiesta alegre...
con la voz del recuerdo
les dicen ¡vuelve!
Cuando esa voz escuchan
con tierno halago,
¡ya se van los pastores,
ya van marchando!

IV

¿Cómo las serranicas,
sin ser hoy fiesta,
lucen sus arracadas
de plata vieja,

_y_ el manteo adornado
con sobrepuestos,
y rizada camisa
de blanco lienzo?

¿Cómo, sin ser hoy fiesta,
se están de holganza
sentadas a la puerta
de sus cabañas?
¿Qué miran, que sus ojos
fijan inmóviles
en la cumbre lejana
que el sol traspone?

Ven, a través del llanto,
la parda nube
que pasa y que se mueve
sobre la cumbre;
ven cruzar los pastores
por la alta sierra;
¡ven que la nube pasa
y ellas se quedan!

¡Triste es ver el esbozo
de algo que pasa
y perderse en las brumas
de lontananza!
Algo nuestro parece
que muere en ello,
parece que nos deja
sin algo nuestro.

Por eso miran tristes
las serranicas
ondular esa nube
por la alta cima;
que la mitad del alma
de algunas lleva,
y en pos de sí dejando
va llanto y penas.

Para que allí germinen
dichas mañana,
como fecunda lluvia
deja esas lágrimas...
Mas, ¡ah!, ¡quizá el olvido,
tal vez la muerte,
alguna de esas flores
tronchen o hielen!

Vendrá tras del invierno
la primavera,
con ella los pastores
a la alta sierra;
pero mientras no vuelven
con sus rebaños,
más de cuatro zagalas
quedan llorando.

Somiedo, 1889

SALVADOR RUEDA

(1857-1933)

EL CANTO DE LAS CARRETAS

Por las altas montañas del verde Asturias,
por los desfiladeros y los barrancos
donde fingen las rocas greñas de furias
y gradas de gigantes los recios flancos;

donde las simas lanzan de entre sus bocas
en contracción eterna picos valientes,
y cincelan los ríos dando en las rocas,
monstruos en los declives y en las vertientes;

al dar tras de las crestas el rojo disco
que las luces del día lleva sujetas,
se escuchan rebotando de risco en risco
los ecos rechinantes de las carretas.

Su música salvaje de agria armonía
se une al bravo torrente que hayas destronca,
y yo no sé qué acordes hay de poesía
en su canción terrible, bárbara y ronca.

El gañán, entre el juego de los varales
llenos hasta las puntas de hierba verde,
lanza una copla triste que en los maizales
y en los altos castaños larga se pierde;

y allá lejos, del lado donde se acuesta
el sol, que ya se borra de los linderos,
otra voz a los cantos de amor contesta
cayendo por los bruscos derrumbaderos.

Esos cantos dolientes de eco sublime
que acompañan los tardos ejes premiosos,
parecen los de un pueblo que llora y gime
porque admiren sus grandes hechos gloriosos.

En sus hombros robustos lleva su carga,
su gran carga de gloria que asombro inspira,

y como a nadie admira, con voz amarga
el eje en las carretas canta y suspira.

Sin haber halagado nunca mi oído
el eco hipnotizante de sus canciones,
yo he escuchado en mis sueños medio dormido
ese grito de lentas repercusiones;

y desde niño lleva mi fantasía,
no sé por qué ignoradas causas secretas,
como el largo lamento de una agonía
el canto quejumbroso de las carretas.

Desde el fresco Burines hasta el Pajares,
de Busdongo a la orilla del mar undoso,
no hay lugar entre tantos bellos lugares
que no iguale a Suiza por lo precioso.

En Asturias la flora fimbria parece
en verde terciopelo con luz bordada,
y está de margaritas que el aire mece
y pálidos matices fantaseada.

Un músico es el campo que la armonía
va casando en las hojas de miles flores,
y es cada huerto alegre la sinfonía
de ópera sin sonidos fija en colores.

Suavidades sedosas como las alas
tienen los tonos verdes de vario hechizo,
y se van sucediendo por las escalas
del verde de esmeraldas hasta el pajizo.

Las viviendas que envuelve fresco ramaje,
parecen nidos puestos en las laderas,
y las faldas del monte les dan paisaje
y las ciñen los hórreos y las paneras.

Saltos, fuentes y ríos bajan trazando
por las rocas agrestes curso distinto,
y entre tanto prodigio va dibujando
la larga carretera su laberinto.

Id a ver esa inmensa quebrada altura,
corona de altos picos que tiene España;
de sus tranquilos valles en la hermosura
el alma de delicias y paz se baña.

Yo volveré a su seno, que desde niño
lleva mi mente ansiosa de alas inquietas,
¡como un himno de amores y de cariño,
el canto quejumbroso de las carretas!

DE LA SIERRA BRAVA

Los vellones de la nieve de las cumbres
convirtiéronse a los besos del sol rojo en chorros de agua
que descienden en raudales de armonía
por los dientes de granito de la fosca sierra brava,
como sierpes cristalinas que se enroscan
en el seno de la olímpica montaña.

Ya pasó el helado enero con sus nieves
y vinieron del estío las ardientes siestas diáfanas,
con aromas de verdor en la alameda
y gorjeos de avecicas en los fresnos y en las jaras.

Ya vinieron los armónicos crepúsculos
a encender luces de amor en la cabaña,
a dar ritmo a la canción de los insectos
y a incendiar el corazón de las zagalas.

Yo topeme ayer, camino de la fuente,
con la moza más pulida de esta virgen sierra brava,
y seguila entre lentiscos como un lobo
que anduviese tras la loba lujuriosa y encelada;
y tendila sobre un tálamo de helechos
y mordí la roja fruta de su boca de escarlata,
y las cándidas palomas de su seno de elegida
me picaron en el pecho con sus róseos picos de ágata.

En el soto, los erales de áureos cuernos
perseguían con sus lúbricos mugidos a las vacas,
y detrás de las potrillas semestrales
los caballos, sudorosos y calientes, relinchaban.

JUAN ANTONIO CAVESTANY

(1861-1924)

SERRANILLA

INSPIRADA EN SANTILLANA

Al claro reflejo
que vierte la aurora
me hallé a la pastora
de Alcornocalejo.

Fingían corales
sus labios, por rojos;
verdor de trigales
llevaba en los ojos;
    de ninfas espejo
juzguela, y señora,
más bien que pastora
de Alcornocalejo.

Su rostro expresivo,
que olía a verbena,
quemaba el sol vivo
de Sierra Morena;
    la tersa y airosa
garganta divina
más era de diosa
que de campesina...

Quedé tan perplejo,
que dudo aún ahora
que fuese pastora
de Alcornocalejo.

—La leche que lleva
trasciende a tomillo;
déjame que beba
de tu cantarillo—
dije, y en hartura
mi sed fue trocada

con la leche pura
por ella ordeñada.
    —Con sed nunca dejo—
repuso—al que implora,
pues soy la pastora
de Alcornocalejo.
    —¿Un rebaño guía
por estos alcores
quien pasar podría
por reina de amores?
    Busca mejor gala,
que el cayado pesa,
y más que zagala
ser debes princesa.
    Ella, al ver mi empeño,
contestome así:
    —Señor, yo no sueño
con salir de aquí.
Vi la luz del día
en esta ribera,
y me moriría
como la perdiera.
Al lirio, que encanta
porque a todos place,
no se le trasplanta;
muere donde nace.
Yo aquí libre moro,
todo el campo es mío,
y el zagal que adoro
vive junto al río...
    Y por el vallejo
de la zarzamora
huyó la pastora
de Alcornocalejo.

MULHACÉN Y VELETA

Padre Mulhacén, el cano,
madre Veleta, la blanca,
los que acarician las nubes,
los que el Sol dora y esmalta,
los que con festón de nieve
dais dosel a la montaña,
¡qué hermosa pende del cielo
vuestra cortina de plata,
sobre el tapiz verde y oro
de la vega de Granada!

Tal vez los copos primeros
que tejen vuestra guirnalda
de la creación del Mundo
vieron despuntar el alba,
y aun siguen petrificados
en la altura solitaria,
inmaculada alcatifa
de la cumbre inmaculada.

Padre Mulhacén, el cano,
madre Veleta, la blanca,
¡cuántas cosas habéis visto
de vuestra mole a la falda!

Esa vega que os sustenta,
regio manto que recaman
los verdiblancos olivos
y el naranjal de esmeralda,
cuatro siglos van pasados
que fue cuna de una Patria
que por nacer en tal sitio,
aprendió desde la infancia
de vuestra nieve a ser pura,
de vuestra cima a ser alta.

Tal vez fuese a vuestros picos
donde, por Dios inspirada,
se asomase aquella reina
que pudo, con vista de águila,
ver al lejos, tras los mares,
nuevos mundos para España.

Tal vez aún vuestros hielos
el eco bendito guardan
del grito que, por tres veces,
desde la torre almenada
anunció que de Castilla
era al fin sierva la Alhambra.

Tal vez aún sobre el llano
descubre vuestra mirada
el cuadro hermoso y radiante
de la lucha legendaria,
y reflejan armaduras
del Genil las limpias aguas,
y el Sol incendiar parece
las lorigas y las lanzas,
y jaiques y lambrequines
el viento riza y levanta,
y choca el largo montante
con la corva cimitarra
en la densa polvareda
que dejan por donde pasan
los caballos tunecinos
y las yeguas jerezanas.

Padre Mulhacén, el cano,
madre Veleta, la blanca,
mudos y eternos testigos
de los triunfos de una raza,
¿qué diréis, viejos gigantes,
al ver hoy a vuestras plantas
tanta miseria presente
tras tanta gloria pasada?
¿Qué fue de los paladines
de las brillantes hazañas?
¿Qué de los descubridores
de las tierras ignoradas?

Donde los hierros lucían,
y los potros piafaban,
y el ideal generoso
movía el brazo y el alma,
sólo el egoísmo anida,
sólo la ambición encarna,
sólo el interés se mueve
y sólo los odios hablan.
Haced que hacia vuestras cimas,
que luz y pureza irradian,
de nuevo, buscando ejemplo,
vuelva los ojos la Patria,
padre Mulhacén, el cano,
madre Veleta, la blanca...

MIGUEL DE UNAMUNO

(1864)

DE "POESÍAS"

VIZCAYA—*Mis montañas*

Las montañas de mi tierra
en el mar se miran,
y los robles que las visten
salina respiran.

De mi tierra el mar bravío
briza a las montañas,
y ellas se duermen sintiendo
mar en las entrañas.

¡Oh mi Vizcaya marina,
tierra montañesa,
besan al cielo tus cumbres
y el mar te besa!

Tu hondo mar y tus montañas
llevo yo en mí mismo,
copa me diste en los cielos,
raíz en el abismo.

DE "ROSARIO DE SONETOS LÍRICOS"

AL PAGAZARRI

Ceñudo Pagazarri, viejo amigo
de la tristeza de mis mocedades
tu soledá amparó mis soledades
con su rasa verdura como abrigo.
Tu adusta paz, de mi anhelar testigo,
al verte hoy a mi recuerdo añades
y con el aire de tu cumbre invades
este pecho que hiciste tú conmigo.
Las pardas peñas de San Roque, enhiestas
espaldas del jayán frente a la villa

se alzan llevando tu cabeza a cuestas
    y en el invierno allá en lo alto, orilla
del cielo de mi cuna, en breves puestas
mi sol en la agonía al mundo brilla.

RIMA DESCRIPTIVA

    Es a la sombra del silencio santo,
bajo el silencio de la sombra augusta,
lánguidamente va volando el canto
de una campana sobre la robusta
    rocosa serranía a la que el llanto
reviste de las nubes, en la adusta
cima la tierra ciñe el negro manto
que cuando muere el sol al pecho ajusta.
    En la sombra la lluvia se diluye
y en el silencio el son de la campana,
nocturno el río de las horas fluye
    desde su manantial, que es el mañana
eterno, y en sus negras aguas huye
aquella mi ilusión harto temprana.

DE "OVIEDO A LEÓN"

MURALLA DE NUBES

    Oh pardas nubes, almas de los montes
que recuerdos traéis aquí a la nava
de aquel rincón en donde el alma esclava
vivía de vosotras, cual bisontes
    en rebaño pasáis los horizontes
encrespando en fingida sierra brava
que no a la tierra, sino al cielo graba
con su mole. Por mucho que remontes
    tu vuelo, mi alma, esa encrespada sierra
de nubes nunca franquearás, muralla
será de tus anhelos de la tierra
    no la tierra, las nubes de que se halla
ceñida hacen la cerca que te encierra
en el estrecho campo de batalla.

CANTO DE REMUDO

Invisible paloma, la tonada
con sus alas sonoras cruza y roza
los riscos del barranco y a la moza
que unas calzas remienda en la terrada
le sacude el oído. Alborozada
bebe el reclamo; viene de la choza
donde el pastor la sueña, y ella goza
gozando de antemano la velada.
Por medio brama el río en hondo tajo
donde ni aun el enebro prender pudo
y trillando en sus cuestas el cascajo
con segura pezuña un gran barbudo
a una cabra que bebe en un regajo
corre al son de aquel canto de remudo.

CARLOS FERNÁNDEZ SHAW

(1865-1911)

DE "POESÍA DE LA SIERRA"

INVOCACIÓN

Cañada hermosa, cañada
del puerto de la Fuenfría,
¡qué alegre estás, inundada
por la luz del mediodía!
¡Cuán lozana reverberas
ante mis ojos cansados!
Verdes lucen tus laderas,
verdes relucen tus prados,
de amarillas
florecillas—salpicados.
Risueño, primaveral,
sus rayos derrocha el sol;
un sol rumboso y jovial,
clásicamente español.
Apretados, rumorosos,
con el rumor de los mares,
trepan hasta el horizonte,
subiendo de monte en monte,
los verdinegros pinares.
Pasa el aire, tibio y lento,
regalando
con su aliento
los olores—campesinos
de las flores—y los pinos,
y va el arroyo cantando
por la sombrosa hondonada...
¡Qué alegre estás, inundada
por la luz del mediodía,
cañada hermosa, cañada
del puerto de la Fuenfría!

——

Pasada la juventud,
víctima del mal que tengo
como castigo, a ti vengo
buscando paz y salud;
paz, de la que siempre fui
más que amigo, adorador,
y salud, mi bien mayor
y el primero que perdí.
Propicias vuelvan a mí
bajo el influjo sereno
del airecillo serrano,
que es tan sano...
por lo mismo que es tan bueno.
Que recobre yo en tu seno
juicio para discurrir,
calma para proceder,
¡y fuerzas para sufrir!
¡¡y alientos para querer!!
¡¡Vuélveme la fe pasada,
devuélveme la alegría,
cañada, hermosa cañada
del puerto de la Fuenfría!!

—

Mas si es fuerza que sucumba,
si me destina la suerte
calma tan sólo en la tumba,
por todo alivio la muerte,
cese pronto mi ansiedad;
cese, por fin, la inquietud
de la terca enfermedad
que en su misma lentitud
pone su mayor maldad;
duélete de mi dolor,
y acabe ya mi agonía;
mándame un aire traidor
que apague la vida mía,
y en la hondura más umbría
de tu más negra hondonada,
¡¡sepúltame bien, cañada
del puerto de la Fuenfría!!

LAS CUMBRES

¿Son las altas cabezas—de los recios titanes
que después de su lucha—por el fuego celeste
sobre el haz de la tierra—se quedaron dormidos?
Son las altas y hermosas—las altísimas cumbres,
que se elevan al cielo—virginales y blancas,
afirmándose en hombros—de magníficos montes;
con sus picos envueltos—en jirones de bruma,
con sus agrias laderas—salpicadas de pinos,
con sus tajos enormes—rebosantes de nieve.
Son las altas y hermosas—las altísimas cumbres
profanadas apenas—por los pasos del hombre.
En sus hondas cavernas—regias águilas viven.
Por su atmósfera límpida—regias águilas cruzan.
Al posarse, fijando—sus fortísimas garras
en peñascos inmobles;—destacando su bulto
sobre el fondo del cielo;—con las alas abiertas,
a volar preparadas;—encendidos los ojos,
y nerviosas y erguidas—las cabezas menudas,
de revuelto plumaje;—¡poderosas y libres!—
escapadas parecen—de imperiales escudos.
Es de ver si las nubes—a los montes se enredan,
y sus flancos asaltan.—Va con ellas el rayo
que las cruza de pronto—con zigzag de serpiente,
y en su seno revienta,—de su seno se escapa,
como en tromba, la lluvia—por el viento batida,
mientras crujen los aires,—al sentir de improviso
que desgarra sus ondas,—a zarpazos, el trueno.
Y entretanto que asaltan—a los montes las nubes,
y descarga la horrible,—pavorosa tormenta,
sobre truenos y rayos,—vendavales y lluvia,
se levantan las cumbres—arrogantes y hermosas,
y sus picos emergen—del siniestro nublado
como claros islotes—sobre un mar de tinieblas.
¡Se levantan las frentes—de los recios titanes
a una bóveda pura,—despejada y tranquila,
donde el sol resplandece—como escudo de llamas,
o refulge la luna—como rosa de nieve;
donde brillan y brillan,—titilantes y azules,
las estrellas, las flores—del jardín de los cielos!...

Adoremos las cumbres.—En silencio y altivas,
orgullosas parecen;—desdeñando a los valles
y olvidando a los hombres.—Pero no; de sus anchas
y robustas vertientes—brota el agua, que es fuerza,
movimiento y frescura;—que da vida a los campos
y salud a los hombres,—y desciende a raudales,
¡sobre el césped corriendo!—¡rebrincando en las rocas!
¡los arroyos formando—y acreciendo los ríos!
¡avivando los gérmenes,—fecundando la Tierra!

Son así, como cumbres,—los altivos talentos
de los hombres preclaros,—que en amargas vigilias
y tras tercos afanes—para el hombre descubren
la verdad de la Ciencia;—los que luchan y luchan
por que cedan y entreguen,—el Enigma su arcano,
su secreto la Esfinge;—los que rasgan las sombras
en que envuelve y esconde—sus misterios la Vida.

Respetemos la suya.—Solitarios y tristes,
orgullosos parecen;—apartados del mundo,
y alejados del hombre.—Pero no; son los faros
que señalan sus rumbos—a las naves que luchan
con el mar y la noche;—las estrellas que guían
por el lago desierto.—Para el hombre trabajan,
para el hombre que sufre;—para el hombre, su hermano.

Solitarias y tristes,—orgullosas y altivas;
generosas al cabo,—con la tierra y el hombre,
¡respetemos las cimas,—adoremos las cumbres!

LA SIERRA AL SOL

Bajo un sol que sus rayos más ardientes envía,
sobre un cielo que el brillo de sus luces inflama,
se recortan los montes del audaz Guadarrama,
se perfilan los picos del riscoso Fuenfría.

Se destacan, del fondo de un profundo sosiego,
con un alto y robusto y encendido relieve.
Como ayer se arroparon en sus capas de nieve,
hoy refulgen con recias armaduras de fuego.

Ciega el sol, y en los montes su reflejo deslumbra.
Las cigarras entonan sus monótonos cánticos
en el tibio refugio de la quieta penumbra.

Como en éxtasis yace, fascinada, la Tierra,
y ante el sol, que la excita con sus besos románticos,
se estremecen sus pechos...; ¡se estremece la sierra!

LUNA LLENA

Venid en mi busca,
venid, esperanzas,
que animen el cuerpo
y alegren el alma.
La noche, propicia,
me halaga;
sus brisas me aduermen;
sus luces me encantan.
La noche es de luna,
tan llena, tan clara,
que tierras y cielos
parecen de plata.
Rigores de agosto
moderan las auras
que llegan del monte
batiendo sus alas
con leve murmullo
de música vana...
Refrescan el cuerpo;
serenan
y alivian el alma.

—

Paisajes extensos
mis ojos abarcan.
Profusos pinares
me envuelven,
me cercan, me guardan.
Ya lejos, concluyen
las grandes montañas;
más lejos, las tierras
se tornan más llanas;
más lejos,
los campos se ensanchan,
y allá...—lo suponen
mis cortas miradas—
despliega Ríofrío
sus montes de caza;
la vieja Segovia
levanta

su gran *Acueducto*
de estirpe romana,
sus viejos palacios,
sus grupos castizos
de casas,
sus trozos
de antiguas murallas,
sus templos...
su Alcázar...
¡Qué bien, cuán a gusto,
se aduermen cansadas,
en noches de luna,
las pobres
ciudades ancianas;
las viejas
ciudades románticas!
En estos instantes,
Segovia, de fijo,
descansa.

—

¡Qué límpidos aires!
¡Qué brisa tan blanda!
¡Qué luna tan llena,
tan dulce,
tan viva, tan mágica!
¡Qué cielo, con tonos
del iris del nácar!
¡Qué montes, qué valles!
¡De nieve! ¡De plata!

—

La noche suscita
visiones extrañas;
de amores logrados
en rudas batallas;
de locas fortunas,
esquivas,
y al cabo logradas.
¡Venid a mi encuentro!
¡Venid, esperanzas!

—

Mujer que, a mi lado,
compartes mis ansias;
soñemos, soñemos,
amantes y en calma;
soñemos, sumidos
en vagas
dulzuras
nostálgicas;
en tanto que rozan
y besan
tus labios las auras;
en tanto la luna
sus luces irradia,
cubriendo
con manto de luces
tu cuerpo de estatua,
y en tanto
pareces de plata...

—

Gentil *Margarita,*
bellísima *Laura,*
dulcísima *Ofelia,*
Desdémona pálida,
pareces,
mi amada.
Soñemos.
Del mundo te aparta.
Bien pronto se ciernan
muy altas;
¡muy lejos
se vayan
del mundo
las almas!
Ensueños felices
nos presten sus alas.
Soñemos, por artes
de magia.

—

Contempla qué hechizo
de luz nos ampara.
No es luz de la luna
tan sólo, fantástica;
la Gloria la envía,
y espléndida baja;
recorre el espacio,
la luna traspasa;
la luna, redonda,
tan blanca;
su disco es el vano
de abierta,
redonda ventana;
y al fin en fulgores
de Gloría nos baña,
llenando de besos
mi frente,
tus ojos, tu cara...

—

Vivamos un punto.
Las penas
adustas y amargas
vendrán a rendirnos
de nuevo mañana.
Mas, ora, que en rayos
de luna
sus velos de tules
fabrican las hadas,
con trémulos hilos
de nítida plata,
con husos de nieve,
con manos de nácar;
¡en estos instantes
de vida fantástica!,
¡soñemos, soñemos,
mi amada!
¡La Noche lo quiere!
¡La Noche!
¡La Luna lo manda!

CANTOS DEL PINAR

El pinar hermosísimo es una jaula abierta.
Con el alba gozosa, el pinar se despierta.

De los pinos descuélganse los pájaros diversos,
como si un gran poema desgranara sus versos.

Las águilas revuelan altísimas. Abajo
va rayando los aires con sus alas el grajo.

Van cantando los cucos, y engañando, ladinos.
Dijérase que suenan relojes en los pinos.

Vuelan por todas partes, con caprichosos vuelos,
libres como las auras bajo los anchos cielos,

los mirlos enlutados y los cuclillos grises,
pica-pinos muy rojos y menudos malvises,

ágiles anda-ríos, rápidos verderones,
tordos, agachadizas, alondras, gorriones...;

los pardillos humildes, las urracas voraces,
abubillas crestonas y rendajos torcaces...;

ya sueltos, ya en bandadas; ya bajo el bosque, a veces
huyendo de los árboles con largas esquiveces.

Aquí y allá se escuchan sonidos de aleteos,
escalas peregrinas de trinos y gorjeos;

revueltos en el aire, del aire confundidos,
con silbos estridentes y enérgicos chillidos.

Los recoge la brisa, y al azar los reparte,
con su gracia de ingenua; la del arte sin arte.

En tanto el sol deslumbra, y en tanto reina el día,
canta el pinar, con himnos de ruidosa alegría.

Declina, al fin, la Tarde, sobre un cielo de grana;
sigue por el camino que trazó la Mañana;

apunta vagamente, con destello divino,
el blanco y tembloroso lucero vespertino;

las aves charlatanas, los pájaros cantores,
sus nidos requiriendo, recuerdan sus amores,

y a poco se refugian y quédanse dormidos...
entre las rubias pajas, en sus calientes nidos.

Cunde la sombra, y cunde. Viene la noche y cierra
sus fantásticos velos sobre el haz de la tierra,

y en el misterio augusto de tan solemnes horas,
hasta que al cielo vuelven las rosadas auroras,

sólo velan insomnes, sólo entonan su cántico
el vate quejumbroso y el trovador romántico;

el cárabo doliente, que gime sus querellas,
y el ruiseñor, que canta su amor a las estrellas;

el vate quejumbroso, que implora sin fortuna,
y el trovador, que llora desdenes de la Luna.

MALDICIÓN SERRANA

Galán que del pueblo vienes,
tú que engañaste a la Olalla,
la mozuela que muriose
del rigor de su desgracia;
Dios haga que cuando vuelvas
al pueblo, sobre tu jaca,
presumiendo de bonito,
pensando en nuevas "hombradas",
por el pinar te aventures
sin advertir que te enzarzas;
que la jaca se te espante,
sin que las riendas te valgan;
que las fuerzas te abandonen,
que se anublen tus miradas...

¡y que una rama *gachera*
te desbarate la cara!

NOCTURNO

La luna risueña brilla
sin sombra de nieve alguna.
Cercedilla
duerme a la luz de la luna.

Resplandecen, plateados,
los tejados
de los *hoteles* dormidos;
brillan las trémulas frondas
de sus jardines, sumidos
en la calma de los sueños;
brillan las trémulas ondas
de los estanques risueños.

Todo es calma, por la sierra
y en mi angustia... Todo es calma
en el cielo, y en la tierra,
y en el alma...

¡Qué reposo
tan solemne, tan profundo!
¡Qué silencio tan hermoso!
Brilla el cielo... Duerme el mundo...

Gente del campo, sencilla,
toca, lejos, una grata
serenata.

Cercedilla
no del cielo se recata.
Brilla, y brilla,
bajo una lluvia de plata
que alegra, que maravilla,
que da ensueños de fortuna...

Cercedilla
duerme a la luz de la luna...

FUEGO EN LOS PINOS

La noche ha comenzado con fuego en los pinares
de un monte muy frondoso. Densísima humareda
se escapa por la herida de la roja arboleda.
¡La van acribillando las chispas, a millares!

Crujen los pinos; crujen las resecas retamas.
El fuego está en la cima, junto al cielo encendido.
El monte es un gigante de piedra, que ha querido
ponerse una corona magnífica de llamas.

¡Como un Rey aparece; Rey fantástico, loco!
Ya atajan el incendio...
                    Ya mengua, poco a poco,
lamiendo los peñascos de un hosco precipicio...

...Al cabo, en el reposo de la noche, muy clara,
sin luz y bajo el cielo, el monte es como un ara
que ofrenda el humo vano de un vano sacrificio.

EL "GABARRERO"

Pinar arriba,
de roca en roca,
va *el gabarrero*.

Con mudo espanto
le ven, que llega,
los pinos viejos.

Ellos conocen
sus rudas artes
en todo tiempo.

Bajo sus golpes,
troncos y troncos
vienen al suelo.

Sin que les valgan
sus años muchos,
sus troncos recios.

Que son terribles
los rudos golpes
del *gabarrero;*

terribles filos
los de sus hachas...,
¡que meten miedo!

Pinar arriba
sigue el verdugo
con pasos lentos.

El gran verdugo
del largo bosque,
del bosque denso.

Pendiente lleva
la cruz del hacha
del puño recio.

Y en tanto buscan
sus vivos ojos,
sus ojos negros,

el buen paraje
que en breves horas
será siniestro,

con mudo espanto
le ven, tan hosco,
los pinos viejos.

Ellos tan tristes,
tan combatidos,
tan lastimeros,

por lo que saben,
por lo que sufren,
por lo que vieron.

Las nieblas ponen
tocas de tules,
que riza el viento,

sobre los picos
de las montañas,
tan gigantescos.

Desde la cumbre,
señora y reina
del alto puerto,

llega, con soplos
intermitentes,
el duro cierzo;

¡con el que clama
la pavorosa
voz del Invierno!

Y a sus clamores,
y en tanto miran
al *gabarrero,*

tiemblan de frío,
con mudo espanto,
los pinos viejos.

Al fin detiene
su grave marcha,
sus pasos lentos,

el gran verdugo
del largo bosque,
del bosque denso.

Y el hacha empuña
de recios filos,
con puño recio.

Lanza un aullido
largo y medroso
la voz del viento.

Suenan los golpes
de tres hachazos,
fuertes y secos.

Otros le siguen,
con graves sones,
por largo tiempo.

Y al fin, el tronco
tan malherido,
se rinde muerto,

y a tierra viene,
y en tierra salta
con gran estruendo.

Mientras, temblando
con grave frío,
con grave miedo,

los pinos miran
hacia los ojos
del hombre terco.

Todos los pinos
del largo bosque,
del bosque denso,

víctimas otras,
en nuevos días,
de horrores nuevos,

del firme brazo,
del hacha firme
del *gabarrero!*

¡EN MARCHA!

Expira septiembre.
            Las nieblas
llegaron de pronto.
Llegaron las nieblas, cubriéndolo,
borrándolo todo.

    Apenas vislumbra la vista
del monte vecino la falda.
¡Qué denso nublado! La Sierra,
detrás de sus velos, quedó secuestrada.

    Los pinos que, al cabo, consiguen
surgir un instante,
moviendo en la niebla sus trémulas ramas,
—así como náufragos que piden socorro—,
parecen fantasmas...

    ¡Qué lluvia tan triste!
    ¡Qué triste rebota! ¡Qué triste resuena!
    La historia de siempre que pronto
    repite sus giros y vueltas;
    ¡qué poco duró la alegría!
    ¡Qué pronto volvió la tristeza!

    Cuán graves, qué adustos
los montes altivos, con grises crespones
recatan su pena.
Parece que el aire suspira.
Parece que lloran las nieblas.

    Al fin, de su seno,
los montes se alejan.
También de su grato refugio
me expulsa la Sierra...

EL POEMA DE LAS MONTAÑAS

LA SIERRA EN FLOR

La sierra se ha llenado, de repente, de flor.
Ved los valles, los montes, qué lucidos están.
Esa flor es la gala que les brinda el Señor
cuando llega, delante de San Pedro, San Juan.

Por aquestas montañas llega siempre tardía
la Maga de los campos, la gentil Primavera;
porque siempre la acojan con mayor alegría
la pedregosa cumbre, la jugosa pradera.

Esta vez anunciaron tan risueña fortuna
las más encantadoras, risueñas alboradas;
unas tardes muy lindas, apacibles, doradas,
y el amable misterio de las noches de Luna.
Ya brotaban las flores, entretanto; la flor
de la cumbre y del valle, con un callado afán.
Y al fin nacieron todas, a la luz y al amor,
por montes y cañadas, cuando quiso el Señor;
como rico presente que trajera San Juan.
¡San Juan, el del semblante lleno todo de luz!
¡San Juan, tan milagroso, con tanto resplandor!
Trazó sobre los aires la señal de la Cruz,
y se llenó la Sierra, de repente, de flor.
En un instante solo, felicísimo instante.
Y en tanto que irradiaba misterioso claror
la Luna, desde el cielo brumoso de Levante.
¡La Luna misteriosa de las noches de amor!
Así lo dice al menos la adorable conseja,
rústica, primitiva, de encanto singular,
que musita cien veces una vieja muy vieja,
muy delgada, muy bruja: *la bruja del Pinar.*

Ello fue que los montes y las hondas cañadas,
hasta ayer tan ariscos, hasta ayer tan sombrías,
ya parecen gozosos, ya están engalanadas;
lo mismo que en las horas de sus mejores días.
Por igual en la cumbre del monte que en sus flancos,
la tierra se embellece con su mejor adorno;

la flor de los gamones, de matices tan blancos;
la flor amarillenta del montaraz piorno;
las altas y gentiles y sueltas amapolas,
que por estas alturas medran siempre tan solas,
sin que teman al aire, sin que busquen abrigos,
pensando en sus hermanas, las que alegran las olas
de las espigas rubias en los granados trigos;
la rosa de las breñas, que acaso porque crece
cual ninguna sencilla nos parece tan rara;
la flor, como el granizo, que al cabo se aparece
sobre los recios ramios de la punzante jara;
la flor del brezo fosco, menuda, muy menuda,
que al nacer en la mata prontamente la llena;
la del triste cantueso, violada, tan ceñuda,
con expresión doliente de inconsolable pena;
la flor, en fin, que tanto sus flores desparrama;
que finge que los montes derrochan su tesoro;
la flor tan amarilla de la verde retama,
que esplende al Sol de junio con la color del oro...
¡Muchas y muchas flores... con todos los matices
del oro, de la nieve, del mar, del arrebol!
¡Todas, al mismo tiempo, felices, muy felices!
¡Todas enamoradas de los rayos del Sol!

Es de ver, a la tarde, mientras en sueltos lampos
las ya murientes luces cruzan los horizontes,
sobre los montes rudos, esta flor de los campos,
esta flor de las breñas, esta flor de los montes;
—ésta, que no ha nacido por voluntad humana;
flor de las rocas; hija del cielo providente;
del Sol y de la lluvia; tan bella, tan lozana,
por ley de su lozano vivir independiente—
cuando con luz de tonos muy finos, muy suaves,
todo se va acusando de manera precisa
por los montes abruptos; los picachos tan graves,
o las flores tan leves; al dormirse las aves,
al despertar las sombras, al posarse la brisa.
Sobre tanta ladera, tiende la flor—dorada,
violeta, blanca, roja—mantos de flor, de flores;
trémulos, grandes mantos, en los que puso el Hada
de las flores silvestres los matices mejores.
Trémulos, grandes mantos, que en estas gratas horas
ondulan con graciosas languideces suaves;

quizás porque se sienten las flores soñadoras
al dormirse la brisa y al dormirse las aves...

¡Y en los picos más altos brotan flores, a miles!
¡Allí también! ¡Muy rojas! ¡Muy rústicas! ¡Muy breves!
No bien los altos picos, tan altos y gentiles,
van soltando la capa de las últimas nieves.
Con que revive todo, con que todo se adorna,
por gracia de las flores, por sus gracias risueñas.
En el gozo creciente de la Vida, que torna
con caprichos de virgen, ¡dando flor a las breñas!

Una y mil y mil veces alabada, Dios mío,
tanta flor de los campos, en los campos brotada;
por el valle profundo, por la margen del río,
por la cumbre del monte, por la verde cañada.
¡Una y mil y mil veces alabados, Señor,
Tú, Señor, en Tu Gloria y a Tus plantas San Juan!
¡Y los montes y valles, tan hermosos, que están
otra vez rebosando, rebosando de flor!...
¡Y la Vida que vuelve con afán!... ¡Y el afán
con que vuelven las flores! ¡El afán del Amor!

LA MALICIOSA

Esta montaña, tan altiva,
mole de peñas sobre peñas,
reino del cíclope serrano,
trono del cíclope monarca;
llena de nieve, que deslumbra
con tanta luz del sol de enero;
llena de luz, en sueltos lampos;
esta magnífica montaña
toda fulgor en tales días;
¡toda gentil y toda triste!;
ya rutilando porque luce
gran armadura, que parece,
con tal color, de pura plata;
ya bajo sombras, hechas sombras;
dique del cierzo desatado,
cuna de lobos macilentos,
es la montaña más ceñuda,

más imponente, más roqueña
que vi jamás: *La Maliciosa.*

La Maliciosa pide un canto
semisalvaje; rudo, bronco,
todo rugido, todo treno.
¡*La Maliciosa,* tan ceñuda,
tan formidable, tan roqueña!
Tal como agora se destaca
sobre la luz del zarco cielo,
con un altísimo relieve;
con este manto que pusieron
sobre sus rocas, las nevadas,
hoy desgarrado por las rocas;
manto de armiño reluciente
que resquebrajan los breñales,
en el misterio de las noches,
ante el temblor de las estrellas;
espeso manto que se tiende
sobre su dorso de gigante,
con tanto noble señorío;
como la capa que luciera
sobre sus hombros inflexibles,
—hecha jirones—el mendigo
tan cejijunto, tan hidalgo,
que fue modelo de Velázquez.

Himno tan áspero, tan bronco,
de notas agrias, ¡himno y treno!
—canto que ruja, que maldiga—;
pide la voz del viento duro
que tiene el ímpetu del tigre,
y el grito largo del torrente;
su gran lamento, pavoroso,
cuando sus furias se quebrantan
contra las breñas de los montes.
El viento llega, ciego y loco.
Llega clamando, llega aullando...
Da contra el monte, y al instante
lanza un lamento más terrible;
con voz de fiera malherida...
¡Salta! Se escurre lastimero.
De roca en roca... Rastreando.

Y en cada roca más se rasga.
¡Y a cada golpe más ulula!
¡Con más dramáticos aullidos!...

   ¡Ah, quién hubiera voces tales,
de tan dramáticos acentos,
para cantar la gran belleza
de tan magnífica montaña!...
¡Vedla, tan noble, tan ingente!
¡Vedla, tan grave, tan ceñuda;
tan pavorosa, tan roqueña!
Con tanta nieve, tan cuajada;
con tanta roca, tan bruñida,
sobre la luz del cielo zarco.

   Parece ya que se deshace,
multiplicando sus reflejos;
que va a partirse, de improviso;
que va a llenar el cielo zarco
—tranquilo, puro, transparente—,
con explosión alborozada
de luces mil, de mil destellos,
que brillarán con mil colores...

   Mas ¡ay!, que en vano resplandece.
La austeridad de su grandeza,
la gravedad de su hermosura
—con tantas nieves desoladas,
con tantos riscos descarnados,
con el misterio del Enigma,
con el mutismo de la Esfinge—,
más que lucidos pensamientos
sugieren lúgubres ideas.
¡Cuán infeliz, *La Maliciosa!*
Es como símbolo de símbolos.
Como el esfuerzo sigiloso
de cien Titanes hecho piedra;
por ley de Dios petrificado.
Como el Dolor de los dolores,
el gran dolor que siente y sufre
la Humanidad, hecho montaña;
grande montaña, taciturna;
¡toda gentil y toda triste!

Cierra la noche, misteriosa.
Van apuntando por los cielos,
tímidamente, las estrellas;
con un temblor de grande angustia,
con un temblor de intenso frío.
¡Son espantosas las heladas
en estos picos de la Sierra,
tan descarnados, tan abruptos!
¡Debe de ser aterradora
la grande angustia de los orbes
en la tristeza del espacio!

La noche cierra. Por la cumbre
de la montaña lastimosa
corren y corren gemebundos
los tristes lobos macilentos...
En vano escarban en las nieves;
tan recomidos por sus hambres,
tan alocados por sus iras.
Y allá muy lejos, perturbando
la gran quietud del horizonte;
desenredando las marañas
de las densísimas tinieblas,
brilla difusa, vagamente,
la claridad de luces miles.
El resplandor que da a los aires
todo Madrid iluminado...

¡Frente a la triste *Maliciosa!*
¡Bajo las iras de sus lobos!
¡Ante el temblor de las estrellas!

LA FLOR DEL OLVIDO

SERRANILLA

Tengo de subir, subir,
al puerto de Peguerinos,
donde dicen que se da
la rosa que da el olvido.

Tengo de subir, subir,
por entre matas y riscos,
hasta que encuentre la flor,
tan buena, por que suspiro.
Nieve, tan dura y glacial,
del alto puerto bravío,
no te opongas al dolor
con que, sobre ti, camino.
No te opongas a mi afán,
tan doloroso por mío.
Ve que mis angustias son
bien amargas de contino.
Ve que me enloquecen. Ve,
nieve glacial, que es preciso
que temple tanta aflicción,
que olvide tanto delirio...
Déjame llegar, llegar,
al puerto de Peguerinos.
Déjame que encuentre allí
la rosa que da el olvido.

SIETE PICOS

LA CRUZ SOÑADA

I

En Siete Picos hay siete cumbres de roca brava;
de roca estéril como la estéril, siniestra lava;
gigantes picos; ingentes muestras del mismo anhelo,
donde el anhelo de todo el mundo por fin acaba,
desengañado de la locura con que intentaba
surgir del bosque, rasgar las nubes, tocar el cielo.

Surgir del bosque, sobre sus pinos, tan seculares,
que van trepando como trepan alpinas tropas;
en tanto ondulan, cual densas aguas en largos mares,
tan apretadas y estremecidas sus verdes copas.

Rasgar las nubes, con ira alzando la recia frente
por un impulso, del cuerpo todo, tenaz, creciente...
Llegar al cielo, por un sublime poder titánico,
que concentrara las fuerzas todas, intensamente,

del más intenso, del más profundo temblor volcánico.

Las altas rocas en que termina la firme tierra
que en convulsiones inenarrables formó la Sierra;
que allí saltaron, quizás lanzadas desde el abismo;
que en tales cumbres, que en tal reposo quedaron luego,
no bien cesaron las magnas horas del cataclismo,
con tales furias, con aguas tales, con tanto fuego;
las siete cimas, que conocieron sus convulsiones;
sin una fuente que las anime con sus canciones;
las siete cumbres, de torvas trazas, de negros hados,
que a veces fingen, en mar de nieblas, los murallones
que en pie quedaron de sus castillos desmantelados;
los Siete Picos, ingentes, hoscos, desnudos, fieros,
por fin a solas y al cabo libres de matorrales,
—regiones agrias en que se formen los ventisqueros,
quebrados muros en que se estrellen los vendavales—,
sus crestas rizan, que ya recorran los pasajeros,
cual cien tumultos, que se cuajaran de peñascales.

Y así presentan, y representan, despedazados,
los mil suplicios, las mil torturas, en mil pasiones...
Y son ejemplos maravillosos... y desolados
de las supremas, inconsolables desolaciones.

En estas horas—las más jocundas en claros días—,
la gran montaña refulge siempre con luz de fuego.
Con sus picachos, sus murallones, sus cresterías.
En un profundo, silente, grave, letal sosiego.
Con tornasoles de tornasoles en pedrerías.
Con cientos, miles, y a cientos miles, de chispas locas,
por los pinares, sobre las matas, sobre las rocas...
Con un alarde maravilloso de resplandores,
alborozados, y repetidos, y cegadores;
que van y vienen, allá deslumbran, aquí fascinan;
mientras corriendo sobre las cumbres las iluminan
con caprichosas fosforescencias multicolores...

Allá se quedan, allá constriñen sus recios flancos,
—en lueñas rocas—las prietas matas, los torvos pinos;
allá los bosques, impenetrables a los caminos,
que ciegan luego las hondonadas de los barrancos.
Allá, los reinos de la maleza de las montañas;

asilos gratos a los reptiles, en el seguro
de las revueltas y laberintos de sus marañas;
marañas verdes en bloques grises de pecho duro...
Y allá, muy lejos, en paz dichosa, los ricos prados...
Con luz y flores. De luz vestidos. De flor colmados.

¡Allá se quedan! ¡Y allá en los aires, cual vivas fuentes,
cual focos vivos, al sol de junio, de vivas lumbres,
serenos alzan las nobles testas, las blancas frentes,
las siete moles, los Siete Picos, las siete cumbres!
Con las intensas iguales ansias del mismo anhelo.
Sobre las mismas robustas bases. ¡Al sol y en alto!
Mientras perfila sus formas duras el limpio cielo
que luce tonos, de azul marino, de azul cobalto.

II

Mil y mil veces—¡oh las radiantes,
altivas cumbres de roca brava;
tronos de piedra, que abandonaron sendos gigantes!—
vi, con asombro, vuestra hermosura.
Ya, con su manto, la nieve densa la cobijaba.
Ya no mostraba sino vestigios de nieve pura.
De blanca nieve, que dibujaba sendas estrías
sobre las peñas, tan formidables y tan bravías.

¡Bajo nublados fosforescentes!
¡En una triste, medrosa noche, que nunca olvido!
¡Centellas rojas la acribillaban, como serpientes,
desde el nublado por sus destellos enrojecido!...
Ya vislumbrada...—las cien cumbres, las cien vertientes—
tras las neblinas que tienden mares,
mares silentes,
cabe las cumbres, sobre el pinar;
¡como nacidas de las tristezas de los pinares
en el misterio de la tristeza crepuscular!...
Mas nunca, nunca, la contemplara;
jamás un punto la concibiera
cual hoy, por una radiante, rara,
feliz visión;
por un anhelo del alma triste,
que en mí persiste
raigadamente; por un impulso del corazón.

Sobre la mole de tantas rocas, al fin tan alta;
sobre el tumulto de tantas rocas en muda guerra;
cuando concluye, después de tanto subir, la Tierra,
mi anhelo dice, mirando al cielo: *¿Qué es lo que falta?*
¡Porque el altivo monte, dorado,
brilla a mis ojos como incompleto: decapitado!
Y en vano ludio conmigo mismo.
¡Torna la idea! ¡La misma idea, tenaz, me asalta!
¡Un hondo anhelo, febril, me exalta!
Y al ver el monte, constantemente, desde el abismo,
torno a decirme: *Sobre sus rocas, algo me falta.*

¡Ya lo concibe la torpe mente!
¡Y al fin lo diga, bizarramente!
Yo igualaría, nivelaría,
—ya los nivela mi fantasía—
los agrios picos, las recias cumbres de roca brava,
—de roca estéril como la estéril siniestra lava—
y allá, por artes maravillosas, levantaría,
sobre las piedras despedazadas del peñascal,
bajo los cielos, que son imagen de lo infinito,
una grandiosa Cruz, de granito,
triunfal imagen de la Justicia, de la Clemencia, del Ideal.
Sobre el tumulto de los peñascos, en los peñones,
que los tumultos representara de las pasiones.
Sobre las siete gigantes cumbres;
donde la vieran, arrodilladas, las muchedumbres.
Allá, en la altura
serena y pura,
donde las iras aniquilara el vendaval.
¡Una grandiosa
Cruz, portentosa!
¡De firmes trazos!
¡De firme tronco! ¡De grandes brazos!
¡Una radiante Cruz, colosal,
que con la mole de la montaña correspondiera
—por su tamaño, por su hermosura—como si fuera
la mole entera
de la montaña su pedestal!

Por tal prodigio, de tal manera,
la Cruz sería

que allá brillase con luz de Aurora,
no solamente la Cruz soñada; ¡la verdadera!
¡Puerto, Refugio, Símbolo, Guía!
¡Cruz redentora!
¡La del que implora,
la del que espera,
la del que sufre, la del que llora!
¡Cruz soberana!
¡Perenne faro
que lleva al puerto las tristes naves, si busca amparo
la gran familia de Dios, humana!
La Cruz que es signo de bien, de amores,
de sufrimientos, de tolerancia, de caridad.
¡La Cruz de Cristo, joyel de luces y flor de flores!
¡La misma siempre, para los siervos o los señores!
¡Sol de Justicia! ¡Sol de Verdad!
¡Sol para justos y pecadores!
¡Sol para toda la Humanidad!

Y allá diría, proclamaría,
sobre la cumbre de la montaña,
bañada toda de luz del día,
con luz de rayos del Sol de España:
"¡Mortal! ¡Quién fueres! Mortal con tanto mortal en guerra;
¡ven a mis brazos! ¡Dios en mis brazos por ti murió!
¡Nunca lo olvides! ¡Sobre tu mundo, sobre la Sierra,
cuando concluye por fin la Tierra,
principio yo!"

LAS VERDES MATAS

Aromas del monte,
riqueza del aire;
tan leves, tan buenos
—¡a gloria me saben!—;
perfumes tan puros
de matas fragantes,
crecidas en peñas
muy toscas, muy grandes;
pues sois tan piadosos,
pues sois tan amables,
que al viento que pasa
rendís homenaje,

de olores tan finos,
que el gusto me halaguen
quizás por que goce;
quizás por que sane;
sabed que por ellos
sacudo pesares.
¡Oh, cuánto me cura,
y oh, cuánto me place,
gustar vuestros dones
en dulces instantes!;
　　¡olor a tomillo
　　y olor a romero,
　　y olor a retama
　　y olor a cantueso!
　Mi pecho, dolido
por penas, por males,
disfruta, si os siente,
placer inefable.
Gozoso, tranquilo,
se os abre, ¡se os abre!...
Respira, y respira,
purísimos aires;
¡los aires que acorren
con bien saludable!...
Mis leves miradas,
risueñas se esparcen,
gozando, por obra
del bello paisaje.
Ya van a las cumbres.
Ya admiran los valles.
O van con las ondas
alegres, brillantes,
del límpido arroyo,
de límpida margen...
Y en tanto, qué olores
me halagan, errantes:
　　¡olor a tomillo
　　y olor a romero,
　　y olor a retama
　　y olor a cantueso!
　¡Oh rayos tan vivos
del Sol, tan radiante
—que habéis los colores

de fúlgidos nácares—,
brillad en las matas,
las matas fragantes,
haced que su aroma
perfume los aires
mejor; ¡más ligero,
más fino, más grácil!...
También, por vosotros,
de penas me ampare;
mis ánimos temple;
mis fuerzas restaure;
cruzando los montes,
cruzando los valles;
sus hondas cañadas,
sus densos pinares.
Y en tanto, recobre
salud que me salve.
Y en tanto, respire
—¡qué hermosos instantes!—
　　¡olor a tomillo
　　y olor a romero,
　　y olor a retama
　　y olor a cantueso!

EL AGUA DEL MONTE

I

LA SED DE LA TIERRA

Hoy vago por un parque—pinar, jardín y huerto—
que siente sed intensa; la sed de largas horas;
que sufre las angustias horribles del Desierto,
por aguas suspirando, que lleguen bienhechoras.
Al fin las aguas vienen. Sus ondas se avecinan,
llenando la *cacera;* muy rápidas, a chorros...
Ya invaden *mis dominios,* y al punto se encaminan
por todos los regueros, prestándoles socorros.
Por todos los que miro, cavados en la falda
de un monte que reluce—dorado por el cielo,
vestido por sus frondas—, con tonos de esmeralda.
Y en tanto se enriquece con agua de la Sierra,

parece que respira, curada de su anhelo,
más viva, más alegre, más próvida la tierra...

II

EL AGUA BUENA

Proteja Dios el agua que tanto bien prodiga;
el agua que es regalo de montes providentes;
el agua tan amable, tan fresca, tan amiga,
que corre tan gozosa, llenando las vertientes.
El agua de los montes riquísimos, brillante
con tanto sol, que acrece su pródiga riqueza.
Es pura; no se admira pureza semejante
ni en cumbres, ni en barrancos. Encanta su pureza...
Es dócil; dócilmente, viniendo de la altura,
se esparce. No vacila. ¡Ni un punto! Ni se para.
Es clara; bien parece su límpida tersura
tersura de cristales, que el céfiro limpiara.
Y es buena, buena y buena; por eso: porque es pura;
por eso: porque es dócil; por eso: porque es clara.

III

POR LOS REGUEROS

Las ondas que brotaran de tantos manantiales,
partidas en arroyos, menudos y someros,
recorren, como breves y plácidos canales
trazados a capricho, los múltiples regueros.
Copiosos los inundan, bajando bulliciosas;
regando, mientras cantan con sones cristalinos,
aquí y allá, bosquetes de rosas y de rosas;
aquí, los tiernos álamos; allá, los fuertes pinos...
Con cuánto amor extienden la gracia de sus dones;
con cuánto amor difunden el son de sus canciones,
por todo el grato huerto, que en tanta luz se baña.
Animan y estimulan, encantan y embellecen,
y al ir, de cuesta en cuesta, dejándonos, parecen
las risas y sonrisas de un mundo: la Montaña.

IV

LA VIDA DEL AGUA

¡Qué vida tan alegre, tan rápida, tan loca,
la vida, tan fecunda, del agua de los montes,
que baja de las cumbres, que va de roca en roca,
gozando de tan puros y limpios horizontes!
El agua de las cimas bien parte sus venturas.
Ya brota de la fuente; ya va, de calle en calle,
cruzando por el huerto; ya deja las alturas,
y al cabo distribuye mercedes por el valle.
Y al fin, cuando se extingue su rápida existencia,
perdiendo con su vida color y transparencia,
también reparte dones, feliz y agradecida.
Si a veces se evapora, su ofrenda rinde al Cielo.
Si fíltrase por tierra, salud recobra el suelo.
De modo que su muerte bien vale por su vida.

PEÑALARA

En clara noche de Luna clara,
brilla a la Luna
la gran laguna
de Peñalara.

Brilla con una
luz misteriosa;
de tonos puros, de tonos leves,
como las nieves,
color de rosa.
Llena, muy llena,
del agua pura,
limpia, serena,
que da la altura.

Sobre las ondas
brilla la cumbre.
Con grata lumbre
de tintas blondas.
Y en un profundo
noble reposo.

¡Cima de un mundo
maravilloso!
Y al pie del agua, limpia y serena,
que llena y llena,
constantemente,
la gran laguna
—tan reluciente
con tanta Luna—,
se esparce un prado,
de luz vestido;
muy dilatado,
muy florecido.

Con muchas matas en flor, agrestes;
con muchas flores
de mil primores;
de finos tallos, de breves hojas;
blancas, celestes,
violetas, rojas....

En puros, bellos,
limpios destellos
de clara lumbre,
—destellos puros de tonos blancos—,
todo se envuelve, todo se baña:
la torva cumbre;
los toscos flancos
de la montaña;
la gran laguna,
tan reluciente, donde se espeja
la blanca Luna;
los ricos prados
hoy tan lucidos;
tan dilatados,
tan florecidos.
Rasgan el centro
del lago breve,
que el agua forma de tanta nieve,
piedras informes,
toscas, enormes,
de fuertes bases, de gran altura,
que surgen dentro
del agua pura.

También parecen
iluminadas.
Y resplandecen,
por modo vago,
como encantadas.
Allí se acogen las rubias Hadas
del breve lago.
Y en toda, toda la gran orilla,
la roca luce.
Y al fin seduce.
Con ser tan ruda. Que tanto brilla.
Con luz ardiente
del buen brillante,
si no copiando sus transparencias.
Que tan engañan, en un instante,
las apariencias.

¡Cuánta dulzura
la paz transmite de brillo tanto!
La paz del cielo, que dura y dura,
con tal encanto,
¡cómo sosiega los valles hondos;
los horizontes,
limpios de bruma, que prestan fondos,
de vagas luces, a tantos montes!
Ay! Para el alma
de sombras llena;
doliente, mustia,
llena de angustia,
llena de pena,
la dulce calma,
la luz serena,
que en tal escena
doquier dominan—doquier amables—,
tienen consuelos
inexplicables.
Mas, ¡ay!, que pronto su bien acaba,
para el cuitado,
desalentado,
que lo buscaba.
Y en triste mundo
se ve de nuevo desengañado,

meditabundo,
con hartas gentes
indiferentes,
más impasibles
ante el lamento de sus clamores,
más insensibles
a sus dolores,
que los picachos de peña dura
de más rigores
y en más altura.
Los más sombríos.
Los más adustos. Los más bravíos.
      ¡Ay del cuitado
que devorado
por su tristeza
pida consuelos,
para sus duelos,
a la impasible Naturaleza!
      ¡Y ay del vencido,
con tanta herida,
que al hombre pida
piedad, olvido!...
¡La propia vida!
Verá, muy pronto, que sueña y sueña.
      Que son los hombres
como los riscos: de dura peña.
      Tan impasibles,
ante el tormento de sus hermanos;
tan insensibles,
tan inhumanos,
como la Luna,
risueña y clara,
que no depara
salud alguna;
como las peñas,
también risueñas,
en que se ampara
la gran laguna
de Peñalara.

EL ALTO DEL LEÓN

(EN LA SIERRA DE GUADARRAMA)

A Enrique Casal.

Están los espacios llenos
de vivísimo fulgor,
está la Sierra dorada,
y en lo más alto del *puerto*
llegando al cenit el Sol,
despide luz el León;
todo radiante, vestido
de fuego deslumbrador.

Bien hizo, con sabias artes;
bien pensara, ¡vive Dios!,
quien para el *puerto* famoso
tal remate discurrió;
quien sobre sierra tan dura,
de tipo tan español,
puso el sello de la raza
con la imagen del León.

En vano la injuria el tiempo
tan audaz y destructor,
nubes de polvo la agravian
y en su piedra muerde el Sol.
En vano también la azotan
las alas del aquilón.
Y en vano cuaja la nieve
sus copos alrededor;
sobre su dorso gigante,
sobre la testa feroz.

Magüer tratada por todos
con tan osado rigor,
siempre la encuentra plantada
sobre las rocas el Sol.
Que es mucha vida la vida
de las garras del León;
mucha roca la del monte
donde sus garras clavó,

y es mucha fuerza la fuerza
con que duran, con que son...
¡la fiera, tan castellana,
y el monte, tan español!

Dios te guarde, sobre el alto
del *puerto,* vieja León;
tan batido por el aire,
tan comido por el Sol,
tan dañado por la nieve
que contra el *puerto* cayó;
sin que jamás delataras,
con instintivo temblor,
furias innobles, ni menos
flaquezas del corazón.

Altivo, grave, bizarro,
seguro de tu valor,
te ven las cumbres—las cumbres
de tan firme condición—
cuando retorna por junio,
sobre la Sierra, su flor;
la del cantueso, tan triste;
la del alegre gamón...
Altivo, grave, sereno,
mientras con largo sopor
yacen los montes en julio,
resquebrajados del Sol;
cuando las pálidas nieblas
del otoño bienhechor
desfilan sobre sus riscos
en callada procesión;
cuando las noches de enero,
tan preñadas de terror,
descienden sobre sus rocas
apenas la luz murió;
mientras clama desolado,
mientras ulula, feroz,
el aire bronco del Norte,
con ímpetus de ciclón.
¡Ah, las noches en que tiemblan
las montañas, de pavor!

Cuadro alguno te conmueve.
No te mueven luz ni son.
Ni la color jubilosa,
ni la medrosa color.
Jurara, ¡pardiez!, que tienen
para ti la misma voz,
el más gozoso contento
y el más terrible dolor.
¿Por qué tan extraño a todo?
Por muy siniestra razón.
Sufres, tan a solas, tanto,
del mal que te quebrantó,
que en vano gozos te acorren,
ni miras ya bajo el Sol,
dolor que pueda moverte,
comparable a tu dolor.

Eres emblema de un pueblo
desamparado por Dios.
Castigo sufres por culpas
de mucho vano señor;
que no por culpas que pongan
sobre tu fama baldón.
Desgracias miras tan sólo
y estragos en derredor;
mucha triste decadencia,
mucho partido blasón;
muchas cruces bien distintas
de la Cruz del Redentor;
mucho vil aventurero
que fuerzas de ti cobró,
para mofarse muy pronto
de tu noble condición;
mucho honor en trance fuerte,
muchos trances sin honor...
Y es bien justo que te acojas
al *puerto* que te acogió,
sin que, por seguir mirando,
mires desgracia mayor.

Mas yo sé—me lo asegura
misteriosa convicción—
que al fin, en cercano día,

por un aviso del Sol,
por un impulso del cierzo,
por un mandato de Dios,
dejará de ser tu piedra
bloque sin alma ni voz.

Porque al fin, desde la altura
de tan ingente región;
desde Sierra tan hermosa,
¡de tipo tan español!,
vuelvan a asombrar al mundo
los rugidos del León.

Será con la luz de un día
lleno de rayos de Sol.
¡Será por obra del hombre!
¡Será por gracia de Dios!

LA BENDITA SIERRA

Sierra de Guadarrama, Dios te bendiga,
por el bien que, sin tregua, tu amor prodiga;
como dan su regalo tus limpias fuentes.

Cuando tornan, radiantes, las primaveras;
al llegar los veranos, resplandecientes;
y al subir los otoños por tus praderas,
y al volver los inviernos, tan inclementes.

Ya te cubran las flores en grandes mantos,
ya reluzcan tus peñas con sol de estío,
ya te presten las nieblas color y encantos,
ya desgarre tus frondas el cierzo frío;
siempre, siempre, por siempre, mi canto clama:
Dios te bendiga, sierra de Guadarrama.

Con todas tus grandezas y tus primores.
Con tus grandes montañas, llenas de fuentes.
Con tus hondas cañadas, llenas de flores
al tornar los veranos resplandecientes.
Con tus picos tan altos y tan gentiles,

en que enredan sus velos nieblas sutiles,
celosas de que luzcan su gallardía.

Con tus mil arroyuelos, que el monte cría.
Con tus densos, profundos, largos pinares,
sobre tantos ingentes, agrios peñones;
donde reinan las Musas de tus cantares,
donde vive la Musa de mis canciones;
donde todo me alegra, todo me llama.
¡Dios te bendiga, sierra de Guadarrama!

Por el bien que dispensas, con larga mano,
y al que yo, sin consuelos, aspiro en vano.
Por los nobles prestigios de tus bellezas.
Por la gran hermosura de tus grandezas.
Por madre cariñosa, por fiel amiga.

Una y mil y mil veces, Dios te bendiga.
Y este canto de cisne de mis canciones
así concluye al cabo: de amor henchido,
con dulces pensamientos, con dulces sones;
sin una sola queja, sin un gemido;
¡con un dulce rosario de bendiciones!

JOSÉ MARÍA GABRIEL Y GALÁN

(1870-1905)

A LA MONTAÑA

¡Hablemos, atalaya gigantesca!
Desde tu inmensa altura
¿me verás muy pequeño en esta hondura
del valle estrecho en que mi choza humea?
¿Verdad que para ti somos iguales
el hombre de la choza,
que sentado en sus míseros umbrales,
la gran visión de tus grandezas goza,
y el último volátil insectillo
que se posa en el último ramillo
del árbol más enteco,
del menos admirado bosquecillo,
de tu más olvidado recoveco?

   ¡Es tanta tu grandeza!...
tan soberbia tu historia, tan altiva,
levantas y tan alta la cabeza,
que sólo pequeñez, sólo pobreza
verás en lo de abajo desde arriba.

   Te engendró trepidando el terremoto,
¡reina de las montañas!,
y por la boca del abismo ignoto
la tierra te parió de sus entrañas,
rugiendo de dolor su seno roto.

   Vinistes a la vida,
no tremiendo con trémulos vagidos,
sino cantando la jamás oída
formidable canción de tus rugidos.
Y transpiraste en tu alentar inmenso
soberbias espirales
que cegaron el éter de humo denso.
Y tu loca niñez, brava y ardiente,
envolviose en pañales
que eran manto de lava incandescente...

   Luego imprimieron sobre ti sus huellas
los días creadores
de las fecundas primaveras bellas,
las que en tierra feraz siembran las flores,

como Dios en el cielo las estrellas.
Tu ardiente aliento, destructor por fuerte,
fue brisa luego de frescura henchida,
y aquel tu arrollador fuego de muerte
templose en fuego incubador de vida.

    Y una robusta juventud briosa
sembró tus cumbres y cuajó tus faldas
de lluvia lujuriosa,
de boscaje espumante de guirnaldas.

    Enamorada del soberbio nido
vino a incubar sobre tu haz la vida,
vino a habitarte el concertado ruido,
vino a vivir de tu vivir henchido
toda pareja por instinto unida.

    Por tus gargantas hondas
rodó el torrente flagelando peñas,
hinchando espumas y mojando frondas;
erró la fiera entre tus hoscas breñas,
el cabrero salvaje
incrustó su majada en las risueñas
orillas agrias del corriente aguaje,
y alegraron tus cuestas los apriscos,
y hubo nidos de pluma entre el ramaje,
y cuevas de reptiles en los riscos...

    Y en tus noches ardientes
te arrullaron graznidos estridentes
de búhos en el árbol apostados,
y bramidos dolientes
de ciervos encelados;
y te bañastes en el mar de oro
de las auroras puras,
oyendo el himno del vivir sonoro
del de las aves incontable coro
que habitaba tus densas espesuras...
Cantares de cabreros,
zumbar de regatuelos espumosos,
balidos lastimeros
de cabritos nerviosos,
silbos de águila osada
que de éter embriagada
se cierne sobre ti cerca del cielo,
delineando con redondo vuelo
el nimbo de tu cresta coronada

de riscos y de nieve inmaculada...
Todo vivió cantando como pudo
tu vida fuerte, formidable y ruda,
de cuerpo virgen ante el sol desnudo;
y tú, serena y muda,
como quien todo lo abarcó y lo encierra,
por el éter sutil ibas rodando
en tus lomos gigantes soportando
la mitad de la vida de la tierra.
El bello sol naciente
siempre el beso primero
puso, amoroso, en tu soberbia frente;
siempre su adiós postrero
te quiso dedicar el sol poniente...
¡Con qué gigante majestad rendida
os amáis los gigantes de la vida!
¡Qué pequeño verás desde tu altura
al hombre de la choza
que tus regias grandezas canta y goza
hundido en las honduras de esta hondura!
Eres grande, ¡oh montaña!,
y rica con espléndida riqueza;
tienes oro en la entraña
y corona de plata en la cabeza...
¡Pero yo soy más grande! ¡Yo más fuerte!
¡Yo más rico que tú!... ¡Yo he de vencerte!
No en la entraña metales brilladores,
ni en la frente coronas temporales:
¡tengo en el corazón fragua de amores!,
¡tengo en la frente fragua de ideales!
¿Y qué volcán tuviste tan ardiente
como el humano corazón que ama?
¿Ni qué encendida llama
radiará luz tan pura y esplendente
como esta que mi espíritu derrama?
¡Tú envejeces! La nieve de tu cumbre
que ya ha apagado tu prístina lumbre,
me dice que declinas,
que ya helada caminas
de tu vivir hacia el helado invierno...
¡Tú tienes que morir! ¡Yo soy eterno!
Mas ¿para qué conmigo compararte,
soberbio monstruo inerte,

si del cogüelmo de mi vida, el Arte
te está dando una parte
por que no te confundan con la muerte?
Y, en fin, mole dormida,
aunque sintieras como yo la vida,
me envidiarás, sin duda,
¡porque yo sé cantar y tú eres muda!

DESDE EL CAMPO

Luz ingrávida, hija blanca de la nada,
que te ciernes en los ámbitos del cielo;
ancho círculo de brumas taciturnas,
horizonte de los días cenicientos;
negra sierra de grandeza inmensurable
que te elevas como monstruo gigantesco
con peana de boscosas montañuelas
y corona de pináculos de hielo;
valle ameno, rico nido de quietudes,
melancólica vivienda del sosiego,
donde apenas de la muerte y de la vida
vagamente se perciben los linderos,
que se borran en los diáfanos ambientes
del reposo, de la paz y del silencio;
sol que enciendes y dibujas con tu lumbre
los ardientes mediodías somnolentes,
las auroras con crepúsculos de nácar
y las tardes con crepúsculos de fuego;
soledades taciturnas de los páramos;
compañía rumorosa de los pueblos...
por beber entre vosotros la existencia
ha ya mucho que a estos sitios vine huyendo
de la mágica ciudad artificiosa
donde flota el oro puro junto al cieno,
donde todo se discute con audacia,
donde todo se ejecuta con estrépito.
Tal vez bulla entre vosotros todavía
una turba de sofistas embusteros
que negaban a mi Dios con artificios
fabricados en sus débiles cerebros.
Con el agua de la charca a la cintura
y en el alma la soberbia del infierno,
revolvían los minúsculos tentáculos

de sus mentes enfermizas en el cieno
y buscaban... ¡lo que encuentran tantos hombres
que con limpio corazón miran al cielo!
¡Qué grandeza la del Dios de mi creencia!
y los hombres que lo niegan, ¡qué pequeños!
Solamente por amarte yo en sus obras
he corrido a todas partes siempre inquieto.

Yo he pasado largas noches en la selva,
cabe el tronco perfumado del abeto,
escuchando los rumores del torrente,
y los trémulos bramidos de los ciervos,
y el aullido plañidero de la loba,
y las músicas errátiles del viento,
y el insólito graznido de los cárabos
que parece carcajada del infierno.
Yo he gozado en la salvaje serranía
la frescura deleitante de los céfiros,
y he dormido junto al tajo del abismo
la embriaguez que le producen al cerebro
los olores resinosos de las jaras,
los selváticos aromas de los brezos
y la hipnótica visión de las alturas
que me hundía en las regiones de los vértigos.
Yo he bebido en los recónditos aguajes
de las corzas amarillas y los ciervos,
y he matado a puñaladas en el coto
al arisco jabalí sañudo y fiero.
Yo he bogado en un madero por el río,
y he corrido en un potro por los cerros,
y he plantado en el peñasco la buitrera,
y he arrojado los arpones en el piélago.

Contemplando la armonía de la vida
bajo el ancho cortinaje de los cielos,
yo he pasado las de agosto noches puras
y las negras noches lóbregas de invierno
en la cumbre de colinas virgilianas,
o en la choza de lentiscos del cabrero,
o en las húmedas umbrías de los montes
bajo el palio del follaje de los quéjigos.
Y han henchido mis pulmones con sus ráfagas
el de mayo delicioso ambiente fresco,
el solano bochornoso del estío
y el de enero flagelante duro cierzo.

A las puertas de los antros de las fieras
los impulsos violentísimos del miedo
me han llevado a guarecerme, acobardado,
por la ronca fragorosa voz del trueno
que botaba en las gargantas de la sierra
y mugía en los abismos de los cielos.
    Y encajado como mísera alimaña
en la grieta del peñasco gigantesco,
he sentido la grandeza de lo grande
y he llorado la ruindad de lo pequeño.
    Y en la sierra, y en el monte, y en el valle,
y en el río, y en el antro, y en el piélago,
dondequiera que mis ojos se posaron,
dondequiera que mis pies me condujeron,
me decían:—¿Ves a Dios?—todas las cosas,
y mi espíritu decía:—Sí, le veo.
—¿Y confiesas?—Y confieso.—¿Y amas?—Y amo.
—¿Y en tu Dios esperarás?—En Él espero.
    ¡Cuántas veces he llorado la miseria
de la turba dislocada de perversos,
que en la mágica ciudad artificiosa
injuriaban a mi Dios sin conocerlo!
Si es verdad que no lo encuentran, aturdidos
de la mágica ciudad por el estruendo,
que se vengan a admirarlo aquí en sus obras,
que se vengan a adorarle en sus efectos,
en el seno de esta gran naturaleza
donde es grande por su esencia lo pequeño;
donde, hablándonos de Dios todas las cosas,
al revés de la ciudad de los estruendos,
lo soberbio dice menos que lo humilde,
el reposo dice más que el movimiento,
las palabras hablan menos que los ruidos,
y los ruidos dicen menos que el silencio...

FECUNDIDAD

I

Mucho más alto que los anchos valles,
honda vivienda de la grey humana;
mucho más alto que las altas torres
con que los hombres a los siglos hablan;

mucho más alto que la cumbre arbórea
llena de luz de la colina plácida;
mucho más alto que la alondra alegre
cuando en los aires la alborada canta;
mucho más alto que la línea oscura
que hay de la sierra en la fragosa falda,
donde empieza el imperio de las fieras
y las conquistas del trabajo acaban...
allá, en las cumbres de las sierras hoscas;
allá, en las cimas de las sierras bravas;
en la mansión de las quietudes grandes,
en la región de las silbantes águilas,
donde se borra del vivir la idea,
donde se posa la absoluta calma,
su nido asientan los silencios grandes,
el tiempo pliega sus gigantes alas
y el espíritu atento
siente flotar en derredor la nada...;
allá, en las crestas de los riscos negros,
cerca del vientre de las nubes pardas,
donde la mano que los rayos forja
las detonantes tempestades fragua,
allí vivía el montaraz cabrero
su tenebrosa vida solitaria,
melancólico Adán de un paraíso
sin Eva y sin manzanas...
   Las sierras imponentes
le dieron a su alma
la terrible dureza de sus rocas,
la intensa lobreguez de sus gargantas,
las sombras tristes de sus noches negras,
la inclemencia feroz de sus borrascas,
los ceños de sus días cenicientos,
las asperezas de sus breñas bravas,
la indolencia brutal de sus reposos
y el eterno callar de sus entrañas.
   Jamás movió la risa
los músculos de acero de su cara,
ni ver dejaron sus hirsutos labios
unos dientes de tigre que guardaban.
   Un traje de pellejo,
que hiede a ubre de cabras
y suena a seco ruido

de frágil hojarasca,
cubre aquel cuerpo que parece un diente
del risco roto de la sierra parda.
    ¡Oh!, cuando tenue en las rocosas cumbres
la aurora se derrama
sus ámbitos tiñendo
de dulce luz violácea,
ya el solitario en el peñón la espera
mirando a Oriente con quietud de estatua;
viva estatua musgosa
que siempre a solas con el tiempo habla;
esfinge viva que plegó su ceño
porque la vida le negó sus gracias,
porque azotó la soledad sus carnes,
porque el reposo congeló su alma...
    Y luego, cuando abajo
se muere el día de tristeza lánguida
y se ponen las peñas de las cimas
tristemente doradas,
y luego grises, y borrosas luego,
y al cabo negras, con negruras trágicas,
mirando hacia Occidente
desde aguda granítica atalaya
recibe, inmóvil, el Adán salvaje
la noche negra que la sierra escala...
¿No habrá creado Dios un sol que rompa
la noche de aquel alma
y en luz de aurora fructuosa y bella
le bañe las entrañas?

II

    Bajó una tarde de las altas cumbres,
vagó errabundo por las anchas faldas
y se asomó a la vida de los hombres
desde la orilla de las breñas agrias.
Subió otra vez a su salvaje nido,
tornó a bajar a la vivienda humana
y ya movió la risa
los músculos de acero de su cara,
y sus dientes de tigre, descubiertos,
dieron reflejos de marfil y nácar,
y el hosco ceño despejó la frente,

y se hizo dulce y mansa
la dureza feroz, brava y sañuda
de aquel mirar de sus pupilas de ágata...;
cortó un lentisco y horadó su tallo,
pulió sus nudos y tocó la gaita,
y oyó por vez primera
la sierra solitaria
música ingenua, balbuciente idioma
que al hombre niño le nació en el alma.
¡Cantó la estatua al declinar la tarde!
¡Cantó la esfinge al apuntar el alba!
   Y una que trajo de color de oro
mayo gentil espléndida mañana,
con sol de fuego que arrancó resinas
de las olientes montaraces jaras,
e hizo bramar al encelado ciervo
junto al aguaje en que su sed templaba,
e hizo gruñir al jabalí espantoso,
e hizo silbar a las celosas águilas
que por encima de los altos riscos
persiguiéndose locas volteaban...;
una mañana que vertió en la sierra
toda la luz que de los cielos baja,
todas las auras que la sangre encienden,
todos los ruidos que el oír regalan,
todas las pomas que el sentido enervan,
todos los fuegos que la vida inflaman...;
por entre ciegas madroñeras húmedas,
por entre redes de revueltas jaras,
por laberintos de lentiscos vírgenes,
y de opulentas madreselvas pálidas,
y de bravíos vigorosos brezos,
y de romeros cuyo aroma embriaga,
el solitario montaraz subía
rompiendo el monte con segura planta
y abriendo paso a la cabrera ruda
que vio del monte en la fragosa falda
y fue a buscar a la vecina aldea
cual lobo hambriento que al aprisco baja.
En derechura al nido de la cumbre
radiante de alegría la llevaba.
Eva morena, de las breñas hija
y de ellas locamente enamorada,

iba a la cumbre a coronarse sola
reina de la montaña.
    Como membrudo corredor venado,
rompe el cabrero las breñosas mallas;
como ligera vigorosa corza,
de peña en peña la cabrera salta.
Corren así, temblando de alegría,
cuantas parejas por la sierra vagan,
pero ninguna tan gentil y noble
subiendo va cual la pareja humana,
que Amor le dice que la altura es suya
porque es del rey el elevado alcázar,
y es para el lobo la maraña negra
de la húmeda garganta, y es para el feo jabalí el pantano
donde el camastro enfanga,
y es para el chato culebrón la grieta
de ambiente frío y tenebrosa entrada...

III

    Y vi una tarde el amoroso idilio
sobre la cima de la azul montaña;
un sol que se ponía,
una limpia caseta que humeaba,
una cuna de helechos a la puerta
y una mujer que ante la cuna canta...
Y el hombre en un peñasco
tañendo dulce gaita
que va atrayendo hacia el dorado aprisco
los chivos y las cabras...

AMOR

    La muerte con sus soplos heladores
apagó unos amores
que fueron viva y rutilante llama;
y la copa de hiel de mis dolores
me hizo decir: "¡Feliz el que no ama!"
    Y huí cobardemente,
vertiendo sangre de la abierta herida,
en busca de un rincón—¡pobre demente!—
donde no hubiera amor y hubiera vida.

En un repliegue de la sierra brava
la pobre choza del pastor estaba,
y del rústico albergue en los umbrales
una pobre mujer canturreaba
dulcísimas tonadas guturales.
Un angelillo humano,
que estatuilla de bronce parecía,
fruto de sierra vigoroso y sano,
escuchaba el salvaje canto llano
de la ruda mujer y se dormía...
Y un hombre gigantesco, otra escultura
de faz de bronce y de mirada dura,
un solitario de la sierra brava,
un hijo de los riscos,
con traje de pellejo que exhalaba
efluvios de varón y olor de apriscos,
al niño embebecido contemplaba;
y de sus ojos el mirar ceñudo,
a medida que plácido se hundía
en aquel idolillo hermoso y rudo,
se iba quedando ante el amor desnudo
y en caricia ideal se convertía...
¡Era un nido de amores
la choza de los rústicos pastores!

En la cumbre del páramo vacío
vi la fábrica ingente de un convento
y a acogerme corrí dentro el sombrío
grandioso monumento.
Y en las penumbras vanas
de sus místicas cárceles oscuras,
una legión de vírgenes humanas,
blanca bandada de palomas puras,
los ojos elevando a las alturas,
que sus castas miradas atraían,
con plañideras voces temblorosas
cantaban y decían:
—¡Jesús! ¡Jesús!... ¡Te adoran tus Esposas!
¡Tus Esposas te adoran!...—repetían.
Crucé meditabundo
la llanura monótona y desierta...
un pedazo de mundo
donde la vida se imagina muerta.

Era un silencio como el mar profundo,
era un ambiente de infinita calma,
era un dogal para la asfixia hecho,
era una pena que mataba el alma,
era una angustia que mataba el pecho.
    Sólo en la lejanía
un minúsculo punto se movía...
tal vez un hombre que escapó al desierto,
cobarde como yo, y allí vivía,
porque todo en redor estaba muerto.
Busqué su compañía,
como un marino derrotado el puerto;
era un gañán que araba
la tierra fértil de la gris llanura
que yo me imaginaba
páramo estéril, infecunda grava,
polvo de sepultura...
    Y con una tristísima dulzura
que convidaba a padecer dolores,
vibró la voz del rudo campesino
y este cantar de amores
llevó la brisa hasta el lugar vecino:

Te quiero más que a mi vida,
más que a mi padre y mi madre,
y, si no fuera pecado,
más que a la Virgen del Carmen.

    —¡Aquí no hablan de amor!—dije a las puertas
del de los muertos olvidado asilo;
y por sus calles, frías y desiertas,
triste vagué, pero vagué tranquilo.
    Y en las losas sepulcrales,
y en coronas, y en urnas funerales,
y en criptas que guardaban los despojos
de olvidados mortales.
"¡Amor, amor, amor!", leían mis ojos.
—¡Mentira!—dije—. ¡Soledad y olvido!
Los vivos, ¿dónde están? ¡Están viviendo!...
    Y de allá, del rincón más escondido,
¡trajo el aire un acento dolorido
de humano pecho que se abrió gimiendo!
Era una pobre anciana que tenía

calentura de amor con desvarío,
y ante un sepulcro frío,
temblando de dolor, así decía:
—¡No estás solo, hijo mío!
¡Te acompaña el dolor del alma mía!

Pasé después por la gentil pradera
y vi las dulces retozonas luchas
del ternero precoz con la ternera,
y en la fría corriente regadera
vi los saltos nerviosos de las truchas,
y rasando los prados amarillos,
unidas vi volar dos mariposas,
y de floridas zarzas espinosas,
posados en los móviles arquillos,
abiertos los piquillos
y tendidas las alas temblorosas,
volaban, sin volar, los pajarillos...
y las brisas errantes que pasaban
en sus alas llevaban
ritmos de vida, música de amores,
aromas de salud, polen de flores...
¡Yo me embriagué! Las puertas del sentido
y del alma las puertas
torné a poner frente al vivir abiertas,
llamé al amor y me entregué rendido.

Y la sombra querida
que en el sepulcro abandoné en mi huida,
surgiendo luminosa,
surgiendo agradecida,
me dijo que el amor era la cosa
más bella de la vida;
me dijo que el amor era más fuerte,
más grande que la muerte;
me dijo que las almas que se adoran
el roto lazo de su unión no lloran,
porque el beso ideal de la constancia
se lo dan a través de los abismos
de la tumba, del tiempo y la distancia;
me dijo que la vida en el desierto
es cobarde vivir de un vivir muerto;
me dijo que a lo largo del camino

de un hondo amor a quien hirió el destino
las penas son ternura,
las nostalgias del bien son poesía,
las lágrimas tranquilas son dulzura,
la soledad del alma es compañía...

Y me dijo también: "La vida es bella;
si en ella descubrieses, tras mi huella,
la honda belleza de que está nutrida
y me quieres amar... ama la vida,
que a Dios y a mí nos amarás en ella".

ELEGÍA

I

No fue una reina
de las Españas,
fue la alegría
de la majada.
    Trece años cumple
para la Pascua
la cabrerilla
de Casablanca.
Su pobre madre
sola la manda
todas las tardes
a la majada.
Lleva ropillas,
lleva viandas
y trae jugosa
leche de cabras.
Vuelve de noche,
porque es muy larga,
porque es muy dura
la caminada
para un asnillo
que apenas anda.
    ¡Que miedo lleva!
Pero lo espanta
con el sonido
de sus tonadas.
Canta con miedo,

de miedo canta.
¡Son tan profundas
las hondonadas
y tan espesas
todas las matas!
¡Son tan horribles
las noches malas,
cuando errabundas
aullando vagan
lobas paridas
por las cañadas
con unos ojos
como las brasas!...
¡Son tan medrosas
las noches claras,
cuando en los charcos
cantan las ranas,
cuando los búhos
ocultos graznan,
cuando hacen sombra
todas las matas
y se menean
todas las ramas!...
    Los viejos hombres
de la majada
la quieren mucho
porque es tan guapa,

porque es tan buena,
porque es tan sabia.
Pero a un despierto
zagal de cabras,
que cumple trece
para la Pascua,
no sé con ella
lo que le pasa,
que algunas veces,
al contemplarla,
se pone trémula
su barba pálida
y entre sus párpados
tiemblan dos lágrimas...
    Nadie ha sabido
que la regala

dijes y cruces
de Alcaravaca
de bien pulido
cuerno de cabra.
    Cuando ella viene
con la vianda
¡le da más gusto!...
¡Le da más ansia,
le da más pena
cuando se marcha!...
¡Como que toda
la noche pasa
llorando quedo
sobre la manta
sin que lo sepan
en la majada!

II

    ¡Ay, pobre madre,
cómo gritaba,
despavorida,
desmelenada!
¡Ay, los cabreros
cómo lloraban,
apostrofando,
ciegos de rabia!
¡Cómo corrían
y golpeaban
con los cayados
peñas y matas!
    ¡Y eran muy pocas
todas las lágrimas
que de los ojos
se derrumbaran!
¡Y eran pequeñas
todas las ansias
y las torturas
de las entrañas!
¿Quién nunca ha visto
desdicha tanta?
¡La cabrerilla

de Casablanca
por fieros lobos,
¡ay!, devorada!
Sangre en las peñas,
sangre en las matas,
¡la virgencita
desbaratada!
Todo en pedazos
sobre la grava;
los huesecitos
que blanqueaban,
la cabellera
presa en las matas,
rota en mechones
y ensangrentada...
¡Los zapatitos,
las pobres sayas
todas revueltas
y desgarradas!...
    Loca la madre,
que miedo daba
de ver los rayos
de sus miradas,

de oír los timbres
de sus palabras,
y el cabrerillo
de la majada
mudo y atónito
tremiendo estaba
con los ojazos
llenos de lágrimas,
despavorido
como zorzala
de un aguilucho
presa en las garras.
¿Cómo los árboles
no se desgajan?
¿Cómo las peñas
no se quebrantan,
y no se enturbian
las fuentes claras,
y no ennegrecen
las nubes blancas?
Ya vienen hombres
con unas andas,

con unos paños,
con una sábana;
los despojitos
en ella guardan
y se los llevan
a Casablanca.
    Y al cabrerillo
nadie lo llama,
pero él camina
tras de las andas
mirando a todos
con la mirada
de herido pájaro
que en torno vaga
de los verdugos
que le arrebatan
el dulce nido
donde habitaba.
¡Ay, virgencita
de Casablanca!
¡Ay, cabrerillo
de la majada!

III

    Su padre silba,
su padre llama,
porque el muchacho
deja las cabras
junto a las siembras
abandonadas
y en los jarales
oculto pasa
tardes enteras,
largas mañanas...
¿Qué es lo que hace?
¿Por qué se guarda?
Pues es que a solas

las horas pasa,
pule que pule,
taja que taja,
llora que llora,
ciego de lágrimas...
que dos veneras
finas prepara
de bien pulido
cuerno de cabra,
porque una noche
quiere llevarlas
al camposanto
de Casablanca...

LA JURDANA

I

Era un día crudo y turbio de febrero
que las sierras azotaba
con el látigo iracundo
de los vientos y las aguas...
Unos vientos que pasaban restallando
las silbantes finas alas...
Unos turbios desatados aguaceros,
cuyas gotas aceradas
descendían de los cielos como flechas
y corrían por la tierra como lágrimas.
Como bajan de las sierras tenebrosas
las famélicas hambrientas alimañas,
por la cuesta del serrucho va bajando
la paupérrima jurdana...
Lleva el frío de las fiebres en los huesos,
lleva el frío de las penas en el alma,
lleva el pecho hacia la tierra,
lleva el hijo a las espaldas...
Viene sola, como flaca loba joven
por el látigo del hambre flagelada,
con la fiebre de sus hambres en los ojos,
con la angustia de sus hambres en la entraña.
Es la imagen del serrucho solitario
de misérrimos lentiscos y pizarras;
es el símbolo del barro empedernido
de los álveos de las fuentes agotadas...
Ni sus venas tienen fuego,
ni su carne tiene savia,
ni sus pechos tienen leche,
ni sus ojos tienen lágrimas...
Ha dejado la morada nauseabunda
donde encueva sus tristezas y sus sarnas,
donde roe los mendrugos indigestos,
de dureza despiadada,
cuando torna de la vida vagabunda
con el hijo y los mendrugos a la espalda.
Y ahora viene, y ahora viene de sus sierras
a pedirnos a las gentes sin entrañas

el mendrugo que arrojamos a la calle
si a la puerta no lo pide la jurdana.

II

¡Pobre niño! ¡Pobre niño!
Tú no ríes, tú no juegas, tú no hablas,
porque nunca tu hociquillo codicioso
nutridora lecha mama
de la teta flaca y fría,
álveo enjuto de la fuente ya agotada.
Te verías, si te vieras, el más pobre
de los seres de la sierra solitaria.
No envidiaras solamente al pajarillo
que en el nido duerme inerte con la carga
de alimentos regalados
que calientan sus entrañas;
envidiaras del famélico lobezno
los festines que la loba le depara,
si en la noche tormentosa con fortuna
da el asalto a los rediles de las cabras...
Estos días que en la sierra se embravecen
por la sierra nadie vaga...
toda cría se repliega en las honduras
de cubiles o cabañas,
de calientes blandos nidos
o de enjutas oquedades subterráneas.
Tú solito, que eres hijo de un humano
maridaje del instinto y la desgracia,
vas a espaldas de tu madre recibiendo
las crueles restallantes bofetadas
de las alas de los ábregos revueltos
que chorrean gotas de agua.
Tú solito vas errante
con el sello de tus hambres en la cara,
con tus fríos en los tuétanos del cuerpo,
con tus nieblas en la mente aletargada
que reposa en los abismos
de una negra noche larga,
sin anuncios de alboradas en los ojos,
orientales horizontes de las almas...

III

Por la cuesta del serrucho pizarroso
va bajando la paupérrima jurdana
con miserias en el alma y en el cuerpo,
con el hijo medio imbécil a la espalda...
Yo les pido dos limosnas para ellos
a los hijos de mi Patria:
¡pan de trigo para el hambre de sus cuerpos!,
¡pan de ideas para el hambre de sus almas!

NOCTURNO MONTAÑÉS

A J. Neira Cancela

El oro del crepúsculo
se va tornando plata,
y detrás de los abismos que limita
con perfiles ondulantes la montaña,
va acostándose la tarde fatigosa
precursora de una virgen noche cálida,
una noche de opulencias enervantes
y de místicas ternuras abismáticas,
una noche de lujurias de la tierra
por alientos de los cielos depuradas,
una noche de deleites del sentido
depurados por los ósculos del alma...
A ocaso baja el día
rodando en oleadas
y los ruidos de los hombres y las aves,
a medida que el crepúsculo se apaga,
van cayendo mansamente en el abismo
del silencio que de músicas empapa.
Las penumbras de los valles misteriosos
van en ondas anegando las gargantas,
van en ondas esfumando las colinas,
van en ondas escalando las montañas;
y el errático murciélago nervioso
raudo cruza, raudo sube, raudo baja,
con revuelo laberíntico rayando
las purezas del crepúsculo de plata.
Con regio andar solemne
la noche se adelanta,
y en el lienzo de los cielos infinitos,
y en las selvas de la tierra perfumadas,
van surgiendo las estrellas titilantes,
van surgiendo las luciérnagas fantásticas.
Lentamente, como alientos misteriosos,
de los senos de los bosques se levantan
brisas frescas que estremecen el paisaje
con el roce de las puntas de sus alas,
preludiando rumorosas en las frondas
las nocturnas melancólicas tonadas,
la que vibran los pinares resinosos,

la que zumban las robledas solitarias,
la que hojean los maizales susurrantes,
la que arrullan las olientes pomaradas...
                y aquella más poética
                que suena en las entrañas,
la que viene sin saber de dónde viene,
la que suena sin sonoras asonancias,
¡la que arranca la divina poesía
de las fibras más vibrantes de las almas!

    De los coros rumorosos de la noche,
de los senos de las flores fecundadas,
al sentido vienen músicas que engríen,
al sentido vienen pomas que embriagan...
Es la hora de los grandes embelesos,
es la hora de las dulces remembranzas,
es la hora de los éxtasis sabrosos
que aproximan la visión paradisíaca,
es la hora de los cálidos amores
de los hijos, de la esposa y de la Patria...
¡El momento más fecundo de la carne
y el momento más fecundo de las almas!
                Tendido en lecho húmedo
                de hierbas aromáticas
he bebido la ambrosía de la noche
sobre el lomo de la céltica montaña...
Más arriba, los luceros de diamante;
más arriba, las estrellas plateadas;
más arriba, las inmensas nebulosas
infinitas, melancólicas, arcanas...
Más arriba, Dios y el éter... más arriba,
Dios a solas en la gloria con las almas...
¡con las almas de los buenos que la tierra
fecundaron con regueros de sus lágrimas!

    Más abajo, las robledas sonorosas;
más abajo, las luciérnagas fantásticas;
más abajo, los dormidos caseríos;
más abajo, las riberas arrulladas
por el coro de bichuelos estivales,
por el himno ronco y fresco de las aguas,
por el sordo rebullir de los silencios
que parece el alentar de las montañas...

Los hombres todos duermen,
las horas solas pasan,
y ahora salen mis secretos sentimientos
del encierro perennal de mis entrañas,
y ahora salen mis recónditas ideas
a espaciarse en las regiones dilatadas
donde el choque con los hombres no las hiere,
donde el roce con el fango no las mancha,
donde juegan, donde ríen, donde lloran,
donde sienten, donde estudian, donde aman...
Ellas pueblan los abismos de los cielos
y en efluvios sutilísimos se bañan,
ellas oyen el silencio de los mundos,
ellas miden sus grandezas soberanas,
ellas suben y temblando se aproximan
a las puertas diamantinas de un alcázar,
y algo entienden de una música distante
que estremece, que embelesa, que embriaga,
y algo sienten de una atmósfera sin peso
que parece delicioso lecho de almas...
¡Oh nostalgias del espíritu que ha visto
los linderos aún sellados de su Patria!
¡Oh grandezas de las noches religiosas
que aproximan las divinas lontananzas!
         Se asoma blanca y tímida
         la dulce madrugada;
palidecen las estrellas del oriente
y se enfrían los alientos de las auras,
se recogen los misterios de la noche,
las luciérnagas suavísimas se apagan
y los libres sueños amplios de mi mente
se repliegan en la cárcel de mi alma...
    Y honda y queda en sus arrullos iniciales,
y habladora cuando el mundo se levanta,
y opulenta en las severas plenitudes
de su música de oro, rica y casta,
         se derrama por los campos
         la canción de la mañana.

Siglo XX

ANTONIO MACHADO

(1875-1939)

VOZ DEL AGUA

MADRIGAL

Era pura nieve
y los soles me hicieron cristal.
Bebe, niña, bebe
la clara pureza de mi manantial.

Canté entre los pinos
al bajar desde el blanco nevero;
crucé los caminos,
di armonía y frescura al sendero.

No temas que, aleve,
finja engaños mi voz de cristal.
Bebe, niña, bebe
la clara pureza, de mi manantial.

Allá, cuando el frío,
mi blancura las cumbres entoca;
luego, en el estío,
voy cantando a morir en tu boca.

Tan sólo soy nieve,
no me enturbian ponzoña ni mal.
Bebe, niña, bebe
la clara pureza de mi manantial.

CAMINOS

¿Eres tú, Guadarrama, viejo amigo,
la sierra gris y blanca,
la sierra de mis tardes madrileñas
que yo veía en el azul pintada?

Por tus barrancos hondos
y por tus cumbres agrias,
mil Guadarramas y mil soles vienen,
cabalgando conmigo, a tus entrañas.

Camino de Balsaín, 1911.

ELOGIOS

A don Francisco Giner de los Ríos.

Como se fue el maestro,
la luz de esta mañana
me dijo: Van tres días
que mi hermano Francisco no trabaja,
¿Murió? Sólo sabemos
que se nos fue por una senda clara,
diciéndonos: Hacedme
un duelo de labores y esperanzas.
Sed buenos y no más, sed lo que he sido
entre vosotros: alma.
Vivid, la vida sigue,
los muertos mueren y las sombras pasan;
lleva quien deja y vive el que ha vivido.
¡Yunques, sonad; enmudeced, campanas!

Y hacia otra luz más pura
partió el hermano de la luz del alba,
del sol de los talleres,
el viejo alegre de la vida santa.
...Oh, sí, llevad, amigos,
su cuerpo a la montaña,
a los azules montes
del ancho Guadarrama.
Allí hay barrancos hondos
de pinos verdes donde el viento canta.
Su corazón repose
bajo una encina casta,
en tierra de tomillos, donde juegan
mariposas doradas...
Allí el maestro un día
soñaba un nuevo florecer de España.

CANCIÓN DE TIERRAS ALTAS

En medio del campo,
tiene la ventana abierta
la ermita sin ermitaño.

Un tejadillo verdoso.
Cuatro muros blancos.

Lejos relumbra la piedra
del áspero Guadarrama.
Agua que brilla y no suena.

En el aire claro,
los alamillos del soto,
sin hojas, liras de marzo.

IRIS DE LA NOCHE

A don Ramón del Valle-Inclán.

Hacia Madrid, una noche,
va el tren por el Guadarrama.
En el cielo, el arco-iris
que hacen la luna y el agua.
¡Oh luna de abril serena,
que empuja las nubes blancas!

La madre lleva a su niño,
dormido, sobre la falda.
Duerme el niño y, todavía,
ve el campo verde que pasa,
y arbolillos soleados,
y mariposas doradas.

La madre, ceño sombrío
entre un ayer y un mañana,
ve unas ascuas mortecinas
y una hornilla con arañas.

Hay un trágico viajero,
que debe ver cosas raras,
y habla solo y, cuando mira,
nos borra con la mirada.

Yo pienso en campos de nieve
y en pinos de otras montañas.
Y tú, Señor, por quien todos
vemos y que ves las almas,
dinos si todos, un día,
hemos de verte la cara.

EL AMOR Y LA SIERRA

Cabalgaba por la agria serranía,
una tarde, entre roca cenicienta.
El plomizo balón de la tormenta
de monte en monte rebotar se oía.

Súbito, al vivo resplandor del rayo,
se encabritó, bajo de un alto pino,
al borde de una peña, su caballo.
A dura rienda le tornó al camino.

Y hubo visto la nube desgarrada,
y, dentro, la afilada crestería
de otra sierra más lueñe y levantada,

—relámpago de piedra parecía—.
¿Y vio el rostro de Dios? Vio el de su amada.
Gritó: ¡Morir en esta sierra fría!

EN TREN

FLOR DE VERBASCO

A los jóvenes poetas que me honraron
con su visita en Segovia.

Sanatorio del alto Guadarrama,
más allá de la roca cenicienta
donde el chivo barbudo se encarama,
mansión de noche larga y fiebre lenta,

¿guardas mullida cama,
bajo seguro techo,
donde repose el huésped dolorido
del labio exangüe y el angosto pecho,
amplio balcón al campo florecido?
¡Hospital de la sierra!...
                    El tren, ligero,
rodea el monte y el pinar; emboca
por un desfiladero,
ya pasa al borde de tajada roca,
ya enarca, enhila o su convoy ajusta
al serpear de su carril de acero.
Por donde el tren avanza, sierra augusta,
ya te sé, peña a peña y rama a rama;
conozco el agrio olor de tu romero,
vi la amarilla flor de tu retama;
los cantuesos morados, los jarales
blancos de primavera, muchos soles
incendiar tus desnudos berrocales,
reverberar en tus macizas moles.
Mas hoy, mientras camina
el tren, en el saber de tus pastores
pienso no más y—perdonad, doctores—
rememoro la vieja medicina.
¿Ya no se cuecen flores de verbasco?
¿No hay milagros de hierba montesina?
¿No brota el agua santa del peñasco?

    Hospital de la sierra, en tus mañanas
de auroras sin campanas,
cuando la niebla va por los barrancos
o, desgarrada en el azul, enreda
sus guedejones blancos
en los pinos de la áspera roqueda;
cuando el doctor—sienes de plata—advierte
los gráficos del muro y examina
los diminutos pasos de la muerte,
del áureo microscopio en la platina,
oirán en tus alcobas ordenadas,
orejas bien sutiles,
hundidas en las tibias almohadas,
el trajinar de estos ferrocarriles.
    Lejos, Madrid se otea.

Y la locomotora
resuella, silba, humea
y su riel metálico devora,
ya sobre el ancho campo que verdea.
Mariposa montés, negra y dorada,
al azul de la abierta ventanilla
ha asomado un momento, y remozada,
una encina, de flor verdiamarilla...
Y pasan chopo y chopo en larga hilera,
los almendros del huerto junto al río...
Lejos quedó la amarga primavera
de la alta casa en Guadarrama frío.

APUNTE DE SIERRA

Abrió la ventana.
Sonaba el planeta.
En la piedra el agua.

Hasta el río llegan
de la sierra fría
las uñas de piedra.

¡A la luna clara,
canchos de granito
donde bate el agua!

¡A la luna llena!
Guadarrama pule
las uñas de piedra.

Por aquí fue España.
Llamaban Castilla
a unas tierras altas...

CANCIONES

En un jardín te he soñado,
alto, Guiomar, sobre el río,
jardín de un tiempo cerrado
con verjas de hierro frío.
Un ave insólita canta
en el almez, dulcemente,
junto al agua viva y santa,
toda sed y toda fuente.
En ese jardín, Guiomar,
el mutuo jardín que inventan
dos corazones al par,
se funden y complementan
nuestras horas. Los racimos
de un sueño—juntos estamos—
en limpia copa exprimimos,
y el doble cuento olvidamos.
(Uno: mujer y varón,
aunque gacela y león,
llegan juntos a beber.
El otro: No puede ser
amor de tanta fortuna;
dos soledades en una,
ni aun de varón y mujer.)
Por ti la mar ensaya olas y espumas,
y el iris, sobre el monte, otros colores,
y el faisán de la aurora canto y plumas,
y el búho de Minerva ojos mayores.
¡Por ti, Guiomar!...
                    Tu poeta
piensa en ti. La lejanía
es de limón y violeta,
verde el campo todavía.
Conmigo vienes, Guiomar,
nos sorbe la serranía.
De encinar en encinar
se va fatigando el día.
El tren devora y devora
día y riel. La retama
pasa en sombra; se desdora
el oro de Guadarrama.

Porque una diosa y su amante
huyen juntos, jadeante,
los sigue la luna llena.
El tren se esconde y resuena
dentro de un monte gigante.
Campos yermos, cielo alto.
Tras los montes de granito
y otros montes de basalto,
ya es la mar y el infinito.
Juntos vamos; libres somos.
Aunque el Dios, como en el cuento,
fiero rey, cabalgue a lomos
del mejor corcel del viento,
aunque nos jure, violento,
su venganza,
aunque ensille el pensamiento,
libre amor, nadie lo alcanza.

Hoy te escribo en mi celda de viajero,
a la hora de una cita imaginaria.
Rompe el iris al aire el aguacero,
y al monte su tristeza planetaria.
Sol y campanas en la vieja torre.
¡Oh tarde viva y quieta
que opuso al *panta rei* su nada corre,
tarde niña que amaba tu poeta!
¡Y día adolescente
—ojos claros y músculos morenos—
cuando pensaste a Amor junto a la fuente,
besar tus labios y apresar tus senos!
Todo a esta luz de abril se transparenta;
todo en el hoy de ayer, el todavía
que en sus maduras horas
el tiempo canta y cuenta,
se funde en una sola melodía,
que es un coro de tardes y de auroras.
A ti, Guiomar, esta nostalgia mía.

VIEJA CANCIÓN

A la hora del rocío,
de la niebla salen
sierra blanca y prado verde.
¡El sol en los encinares!

Hasta borrarse en el cielo,
suben las alondras.
¿Quién puso plumas al campo?
¿Quién hizo alas de tierra loca?

Al viento, sobre la sierra,
tiene el águila dorada
las anchas alas abiertas.

Sobre la picota
donde nace el río,
sobre el lago de turquesa
y los barrancos de verdes pinos;
sobre veinte aldeas,
sobre cien caminos...

Por los caminos del aire,
señora águila,
¿dónde vais a todo vuelo tan de mañana?

Segovia, 1925

ENRIQUE DE MESA

(1878-1930)

SERRANILLAS

CORAZÓN, VETE A LA SIERRA...

Corazón, vete a la sierra;
derrotado del amor,
viste sayal de pastor
y oye el cantar de la tierra.

Del sol la primera llama,
nuncio de luz y de vida,
acarmina la retama
de la cumbre florecida.

Y al soslayar, sus reflejos
en los arroyos rielan,
y el ramaje aterciopelan
de austeros pinares viejos.

Rodando por las vertientes
de la cortada pedriza,
ondula, bulle y se riza
el caudal de los torrentes.

Ya no silban en las peñas
los duros vientos marzales,
y enlozanan los herbales
con las lluvias abrileñas.

Su hielo rompen las charcas
y en las alturas, senderos
van trillando los cabreros
al paso de sus abarcas.

Ya el regato no se queja,
corre con rumor de risa;
una alegre canción vieja
lleva en sus alas la brisa.

¡La canción primaveral,
perenne cantar de amores
que con aroma de flores
acaricia el roquedal!

De la vida que retoña
es en el alma alegría,
y en las frondas armonía
dulce, como de zampona.

Ya tornaron las cigüeñas,
los campos visten de flor,
y se alegran, con rumor
de abundancia, las aceñas.

A la vera del regato,
allá en las tardes tranquilas,
dulces suenan las esquilas
de las ovejas del hato.

El viento los pinos bate.
La campana de la aldea,
pausada y triste, ganguea
la oración. Un perro late.

El sol hunde su topacio,
le sigue la sombra queda;
entre la verde arboleda
su azul engarza el espacio.

Hay gorjeos en las frondas,
cantares en el sendero;
la blanca flor de un lucero,
temblando, brilla en las ondas...

Corazón, vete a la sierra
y acompasa tu sentir
con el tranquilo latir
del corazón de la tierra.

UNA FLOR HAY EN EL VALLE...

Una flor hay en el valle
que ha perdido sus aromas.
¡Oh, qué triste ver marchita
la que fue lozana rosa!

Ya los aires, desdeñosos,
a su paso la deshojan;
ya las lluvias abrileñas
sobre su tallo la doblan.

Las abejas ya no gustan
de la miel de su corola.
¡Oh, qué triste ver marchita
la que fue lozana rosa!

Vereda, qué un zagalillo
con sus abarcas trilló,
y tienes verdes orillas
cubiertas de blanca flor.

Pura fuente, en cuyas aguas
quiebra sus risas el sol;
tomillares donde el viento
de la dicha se aromó.

Flauta que alegra en los hatos
las nostalgias del pastor;
la que el otoño durmiera,
la que en abril despertó.

Esquilas dulces, que tañen
con melancólico son;
regato que ondula y nieva
con espumas el verdor.

¡Qué tristes, la madrugada
que en su albear alumbró
mustia, seca y sin aromas
la que fue lozana flor!

¿POR QUÉ CORRIENDO TE QUEJAS?...

¿Por qué corriendo te quejas,
arroyo de Garcisancho,
si en tu correr rumoroso
nada te detiene el paso?

Si desde las cumbres, libre
ruedas por el monte abajo,
tus puros, limpios cristales
entre las piedras quebrando.

Si al cruzar por entre pinos,
de grata sombra al regalo,
das al perfume del aire
la armonía de tu canto.

Si con tus ondas socavas
la dureza de los canchos,
y de blanca espuma nievas
la verdura de los prados.

¿Por qué no desgranas risas
rompiéndote entre guijarros;
por qué corriendo te quejas,
arroyo de Garcisancho?

¿Lloras la ausencia de aquellos
ojos, que en tu espejo claro,
una mañana abrileña
su negrura reflejaron?...

Sigue risueño tu curso.
No se interrumpa tu canto.
No llores males de ausencias,
arroyo de Garcisancho.

Aquellos ojos, que un día
fueron fugitivo halago
de tu cristal, hoy espejan
las aguas de otro regato.

Corre, bulle, salta y ríe
por majadas y barrancos;
no te aduermas en la muda
placidez de los remansos.

Los negros ojos olvida
que en tu corriente temblaron,
y en carrera alegre copia
las flores de otros ribazos.

Reflejarás otros ojos
al dar frescura a otros labios.
Desgrana entre piedras risas,
arroyo de Garcisancho.

AYER NOCHE VINO EL LOBO

Ayer noche vino el lobo.
Un zagal dice que oyó
un aullido a medianoche
que le helara de pavor.

—¡Está loco el zagalillo!
—No hay en la sierra un pastor
a quien le falte un cordero.
—Es, sin duda, que soñó.

A medianoche, en la aldea
una mozuela murió;
secó la muerte el capullo
de su tierno corazón.

Ayer noche vino el lobo.
Un zagal dice que oyó
un aullido a medianoche
que le helara de pavor.

VOZ DEL HUMO

Del cielo limpio la zarca seda
manchan las nubes de tonos grises;
aves que emigran a otros países,
cruzan los picos de la roqueda.

Ya no hay verdores
en las orillas de la vereda;
bajo las frondas de la arboleda
no se oyen cantos de ruiseñores;
quejido el aire, triste, remeda,
no deleitosa canción de amores.
Ya no se escuchan en los pinares
los ritmos lentos de los cantares.
Bajo la niebla duermen los hatos,
callan los perros,
saltan y bullen frescos regatos,
que, raudos, bajan desde los cerros.
Pastor, que cantas en la majada
cuando las luces de la alborada
rompen del cielo los negros tules,
¡qué dulce el eco de tu balada
para tu moza, la enamorada,
la de los claros ojos azules!
La casa humilde, que abajo humea
—voz de amor—, llama desde la aldea.
Voz de rugosos, fragantes leños
de añosa encina,
que arrulla ensueños,
voz ruda y fresca de campesina.
¡Que siempre dulces sones modules
oh voz que ríes y voz que lloras,
como los claros ojos azules
de las pastoras!

TARDE

Las brumas en la tarde silenciosa
son cortejo de gris melancolía,
y, al soslayar el sol, tintas en rosa
se esfuman en la vaga lejanía.

Los árboles agitan su ramaje
al blando soplo de callado viento,
y, entre sombras y luz, muere el paisaje
a toque de campana triste, lento.

Tornan por los senderos las ovejas
con sones melancólicos de esquilas,
que evocan dulces, remembranzas viejas
de tardes eglogales y tranquilas.

En la vertiente de empinado risco,
al montaraz abrigo de los canchos,
ondulan las fogatas del aprisco,
en donde forman los pastores ranchos.

La yunta de los bueyes cruza lenta
por los terrones duros del rastrojo,
y la figura del gañán se aumenta
al recortarse sobre el cielo rojo.

EL BON VINO

Por la tierra triste y parda,
la de los viejos lugares,
la que tantos seculares,
gloriosos recuerdos guarda,

en un carricoche añejo
van cruzando la llanura
una mozuela y un cura,
una serrana y un viejo.

Es gente humilde y sencilla
que lleva en su rostro impresos,
con hambre y miseria, besos
del claro sol de Castilla.

Con monótona quejumbre
el viejo, triste, solloza;
de los ojos de la moza
el llanto empaña la lumbre.

Y llevando el delantal
a los suyos, la serrana
con pesadez aldeana
sus cuitas gime al zagal.

La moza llora su huerto
por las heladas perdido;
la serrana su marido,
y el anciano su hijo muerto.

Y mientras plañe el anciano
y la serrana llantea,
y el zagal jura y chasquea
la tralla viva en su mano,

atento al agrio chirriar
del coche, que en lenta marcha
sus rodadas en la escarcha
deja impresas al pasar,

entre las manazas rojas,
el cura, mudo en su asiento,
de un libro usado y mugriento
va repasando las hojas.

Y el llano, en silencio augusto,
a lo lejos se dilata
sin hogar, hombre ni mata,
severo, grave y adusto.

El coche para en la venta.
El vinillo retozón
enciende, aviva y calienta
la sangre en el corazón.

—¿Sabéis que la moza casa?
Hoy es fiesta en el camino,
y el ventero paga el vino
al caminante que pasa.

Por celebrar la ventura
del castellano ventero,
bebe la moza primero,
y luego el viejo y el cura.

Sin dejar el delantal,
y aparentando desgana,

bebe después la serrana,
y lo que queda, el zagal.

Y a la alegría que brota
con el vino de la jarra
acompaña la guitarra
con el aire de la jota.

Bajo el sol aduerme el llano
sin que lo alegre un verdor,
con el austero color
de un hábito franciscano.

Y otra vez el coche arranca;
tras el polvo se divisa
la venta, la sola risa
de la carretera blanca.

El coche para en la venta.
El vinillo retozón,
enciende, aviva y calienta
la sangre en el corazón.

—¿Sabéis que murió la hija?—
dice el ventero lloroso.
—Pues vaya por su reposo
y por que usted no se aflija.

¿Y qué tristeza perdura
con un trago de lo añejo?
Beben la serrana, el viejo,
la moza, el zagal, el cura.

Porque el vino, de tal suerte
a la vida se acomoda,
que igual festeja una boda
que plañe por una muerte.

En el llano muere el día.
A lo lejos, una aldea.
Sólo el camino blanquea
la parda monotonía.

Sopla el aire del olvido.
¿Quién se acuerda ya del huerto,
del calor del hijo muerto,
del hermano, del marido?

El zagal en el pescante
con la serrana retoza.
Relata el viejo a la moza
un cuentecillo picante.

Y la mozuela, encendida
por la malicia del cuento,
deja escapar con su aliento
todo el hervor de la vida.

Yo, rumiando mi amargura
en aquella soledad
de pena, con ansiedad
torno los ojos al cura.

Dormido sobre el breviario
en los baches cabecea,
sin que le turbe la idea
de la Pasión del Calvario.

Mayoral. Para. Detente.
El vinillo retozón
enciende, aviva y calienta
la sangre en mi corazón.

Para seguir mi camino
también olvidar deseo.
¡Oh Gonzalo de Berceo!
¡El bon vino!

LA ALEGRE CARRETA

En la paz virgiliana de la mañana quieta,
se oye la perezosa marcha de la carreta.

Envuelve la frescura de la brisa sutil,
con fragancia de pinos, una risa infantil.

Un reír que ilumina la mañana serena;
ríen Carmen, Dolores, Ana, Jaime, Jimena.

¡Que sea con vosotros la paz de los caminos,
de la vida que empieza, nacientes peregrinos!

Que la ventura os brinde un sendero sin fin,
abierto, cual los ojos del pequeño Monchín.

Llenad vuestros pulmones con aura de pinares,
capullos de la vida, sin riego de pesares.

Y mirad reflejadas las tersas, puras frentes
en los limpios cristales de las aguas corrientes.

¡Oh, qué dulce bullicio, qué alegría tan franca
cuando el carro en las piedras del camino se atranca!

Reíd, temblad de gozo bajo los delantales,
mis pequeños amigos, mis amigos leales.

Vuestros ojos reflejan vuestros ánimos nobles,
claros como las aguas, fuertes como los robles.

No importuna la risa, la tristeza de un lloro,
azulada sonríe la mañana de oro.

En quietud amorosa la llanura se baña;
recórtase en el cielo soberbia la montaña.

Fresca risa ilumina la mañana serena.
Ríen Carmen, Dolores, Ana, Moncho, Jimena.

El Paular y agosto 1906

CAMINO DE NAVAFRÍA

Camino de Navafría
sube alegre la serrana,
golosa fruta temprana,
gala de la serranía.

Cruza el denso robledal
de la pendiente ladera.
¿Adónde va, mañanera,
la alondra del pegujal?

¿Cómo tan sola se atreve
a internarse en la vereda
si aún luce al sol la roqueda
su blanca toca de nieve,

y dice un pastor que hogaño,
encanecido el abril,
llega el lobo hasta el redil
y hace presa en el rebaño?

¿No te acuerdas del cantar?
"La moza alegre subía,
y una tarde, en el pinar,
perdió toda su alegría".

En su alborada feliz
la moza el miedo desprecia,
hija de la "chata recia"
que diera amor a Juan Ruiz.

Lleva roja gargantilla;
la que prendado vaquero
le mercara al buhonero
en la feria de Pinilla.

Caminito del alcor
bordea el puro regato,
que en el alcor está el hato,
y en el hato, su pastor.

Atrocha por la retama,
y, al abocar el calvero,
desde el borde del sendero
su zagalillo la llama.

La mano de azul teñida
por la calceta, el pastor

la tiende, torpe de amor,
a la zagala encendida;

mas la moza le rechaza,
con los ojos sonrientes,
mientras que los blancos dientes
hunde en la morena hogaza.

Y él, rendido y zalamero,
llena un cuenco con el vino
que al pasar por el camino
le dejara otro cabrero,

—castizo jugo español,
vinillo de la ribera,
perdurable primavera
que sabe a tierra y a sol.—

Luego silencio. La brisa
perfumada del pinar
coge ligera, al pasar,
la vibración de una risa.

Y Amor huele a mejorana,
y a tomillo, y a cantueso,
lo mismo que sabe un beso
de labios de una serrana.

Mozos que lloráis la ausencia
de amor, que no se quebranta,
en el horno de Garganta
y el molino de Canencia,

¿no barruntabais que hogaño
llegara el lobo en abril
a llevarse del redil
la cordera del rebaño?

Del puerto de Navafría
baja triste la serrana,
golosa fruta temprana,
gala de la serranía.

Prendido su corazón
entre juramentos deja,
como en la zarza la oveja
deja prendido el vellón.

Allí queda su zagal;
y temblorosa de miedo
la moza cruza el robledo
camino del majadal.

¡Ay de la maledicencia
que un aire sutil levanta
desde el horno de Garganta
al molino de Canencia!

La mano de azul teñida
tiene como su pastor,
y en sus labios el amor
dejó la fruta mordida.

Moza: si por tu desliz
hoy Pinilla te desprecia,
válgate la "chata recia"
del arcipreste Juan Ruiz.

DIME LA COPLA, JIMENA

"Ya se van los ganados
a Extremadura;
ya se queda la sierra
triste y oscura.
Ya van marchando.
Más de cuatro zagalas
quedan llorando".
(*Popular*)

Dime la copla, Jimena...
Aroma la cantilena
su voz armoniosa y pura:
Ya se van, los ganados
a Extremadura.

En silencio el majadal;
desierto el agreste chozo,
refugio del pastor mozo
a orillas del pastizal.
Tenue ventisca otoñal
presagia invernada dura.
Ya se queda la sierra
triste y oscura.

Ya blanquean los borregos
el verdor de da cañada;
los zagales cañariegos
dan al aire su tonada.
Ya van marchando.
Más de cuatro zagalas
quedan llorando.

Hacia remoto confín,
a un silbo el rebaño arranca;
armado de su carlanca
le escolta, fiero, el mastín.

Morena moza, fragante
como tomillo salsero,
ve partir el trashumante
rebaño desde el sendero.

—¡Noche alegre de San Juan,
noche de fuego y de amor
en que al ejido galán
bajó del hato el pastor!

¿Será su amor zalamero
flor de almendro tempranero
que mata el, cierzo invernizo,
o será tronco roblizo
de la lumbre trashoguero?

Como el agua del regato,
saltarín y bullidor,
bajaba el zagal del hato
por las veredas en flor.

En la paz de la mañana,
junto al dulzor del balido,
disuena el agrio ladrido
de la perra trujillana.
El cristal de una fontana
entre las guijas murmura:
Ya se van los ganados
a Extremadura.

Zagala, cierra tu zarzo
que es duro el viento invernal;
si viene dulzura en marzo
pronto tornará el zagal.
Hay niebla en el roquedal
y otoño nieva en la altura.
Ya se queda la sierra
triste y oscura.

Al tramontar el alcor,
perdidos entre la bruma,
lejano silba el pastor
al rebaño que trashuma.
Tras el mastín ladrador
van los corderos balando.
Ya van marchando.
Más de cuatro zagalas
quedan llorando.

PASTORES DE MAJAVIEJA

—Pastores de Majavieja,
zagales los del Hoyón,
los que apriscáis vuestras cabras
al pie del Cancho Mayor.

Decidme si, por ventura,
vuestro majadal cruzó
la espiga más codiciada
que grana en mí trigalón.

Marchose de amanecida,
antes del primer albor,

al punto que las alondras
cantan, barruntando el sol.

Íbase con el hatero,
como otras veces marchó,
para llevar la remuda,
pan y sebo a mi pastor.

—Por aquí pasó el hatero;
iba sólo como vos,
con su yegua la cuatralba
y el potrillo retozón.

—¿No la visteis los cabreros?
¿No visteis mi blanca flor,
pastores de Majavieja,
zagales los del Hoyón?

—Caminaban sierra arriba
cuando el alba clareó;
el zagal iba encendido,
la mozuela sin color.

Por aquí pasó la moza
con el vaquerizo Antón,
el que viene de Castilla
cuando empieza la calor.

—Si la visteis, los cabreros,
muertos os contemple yo;
que no echasteis los mastines
de los hatos al ladrón.

—Por la senda se perdieron,
en compaña y con amor;
el hatero iba delante,
pero solo como vos.

—¿No acosara al vaquerizo
vuestro perro ladrador?
—El cachorro trujillano
silencioso los miró.

—¡No librasteis la ovejuela
del lobezno robador!
—Cada cual cuide su chozo
y gobierne su zurrón.

—Dios maldiga vuestros hatos,
pues burláis con mi dolor,
pastores de Majavieja,
zagales los del Hoyón.

HA LLOVIDO CON FURIA...

Ha llovido con furia...
y el agua de la noche
se descuelga, cantando,
por las quiebras del monte.

Bravea en los canchales,
se embalsa en los hondones,
los oteruelos llena
de efímeros rumores.

Rebosa en la angostura
de las tajadas hoces;
por los borrosos surcos
de los barbechos corre.

Y, la llanura abajo,
su bronco y grave acorde
estremece a la tierra
que, sedienta, la absorbe.

¡Cómo se ensoberbecen,
henchidos hasta el borde,
los arroyos mendigos
y los regatos pobres!

Las caceras humildes
enronquecen sus voces,
apagadas y tenues
al rigor de los soles.

De las nubes rezagos,
vagan gríseos vellones,
que en los pinos se enredan
y en las hoyas se esconden.

En hogueras, que lucen
bajo canchos enormes,
los cabreros enjugan
sus mojados zajones.

Y asoman en las claras
del pasto, entre los robles,
sus pétalos morados
los "espantapastores".

Acá y allá impeliendo
los plúmbeos nubarrones,
en el campo celeste
luchan Sur contra Norte.

Y puede más la lanza
del Cid, ardida y noble,
que el lanzón de locura
de nuestro Don Quijote.

SE TORNA EL CIELO NEVOSO...

Se torna el cielo nevoso
seda joyante de añil.
Ya se escucha el rumoroso,
celeste canto de abril.

Y al disiparse las brumas
luce el claro sol sin velo,
y alborotan las espumas
rota la cárcel del hielo.

Hijo del agrio canchal
donde en regazo de nieve
su alada voz de cristal
nace susurrante y leve,

un regato de agua clara,
juguetón y saltarín,
baja desde Peñalara
cantando a Majarrocín.

Espumante, corre y brilla
rebotando entre las peñas;
manso después, en su orilla
beben las albas cigüeñas.

Y sus cantos cristalinos
tienen salmodia de rezo
al cruzar bajo los pinos
y entre las ramas del brezo.

Al salir de las barrancas,
fuera de los helechales,
con las margaritas blancas
salpica los pastizales.

¡Quién creyera que el nevero,
ya cristal murmurador,
con las canas de su enero
estaba encinta de flor!

Al eco de su alegría
en las castellanas vegas
comienza la pastoría
sus andanzas cañariegas.

Van pastores y cabreros,
recios y curtidos mozos,
alegrando en los oteros
los abandonados chozos.

Y entre canchos y retamas,
allá, en las altas laderas,
los denuncian con sus llamas
ondulantes las hogueras,

o, custodio del ganado,
el eco de algún ladrido,
que de barranca en collado
rueda en la sierra perdido.

Regato de Peñalara;
cuando tu nieve fundida
es, monte abajo, agua clara,
nuncio de la nueva vida;

cuando cantan, al hechizo
de tu voz primaveral,
el vaquero en su boyizo
y en su majada el zagal;

cuanto tu caudal se acrece
bajo el sol, con el deshielo,
y enlozana y reverdece
la yerma costra del suelo,

y resuenan las cañadas
con el rumor de tus risas,
y aromas, embalsamadas
por los pinares, las brisas,

tendido bajo las frondas,
tembloroso de emoción,
quisiera un cauce a tus ondas
labrar en mi corazón.

EDUARDO MARQUINA

(1879-1946)

TIERRAS DE ESPAÑA

DE UN BOYERO

¡*Ay-dá!*... la aguijada señala el sendero
y en el aire limpio se abre el grito—*¡ay-dá!*...,
y el carro de bueyes, al lado el boyero,
cada madrugada, bosque adentro va.
Traquetea al paso madero y madero;
si aquí se hunde el carro, se levanta allá;
¡qué, camino duro!, pero ¡qué hacedero
para los dos bueyes enormes!—*¡ay-dá!*

Tengo envidia al mozo que les es boyero;
cada madrugada le llamo, al pasar:
—¿Adónde, a estas horas, por este sendero?
—Adonde ayer, dueño; no me cabe errar;
y adonde hoy, mañana; y así el año entero;
¡mi cuento es el cuento de nunca acabar!...

Ya el carro anda lejos; el mozo ligero
va por un alcorce con el carro a dar;
vadea un regato pisando un madero;
los dos bueyes hacen el agua saltar...
Como, en cuesta pina, se encorva el sendero,
desde aquí, en su carro, se siente al boyero;
no le ven mis ojos y le oigo cantar.

Sobre la negrura del bosque, el lucero
que precede al alba se ve clarear
y, en lo alto, las últimas hayas del otero,
con las ramas, casi lo pueden tocar.
Ya suena tan lejos el canto agorero,
que el bosque, en sus ramas, lo cierne al pasar;
¡corazón del mozo, corazón ligero!
Tal codicia tiene del sol mañanero,
que detrás del canto se ha puesto a volar.

Sobre el haz del bosque se apagó el lucero;
la luz que él tenía la toma el cantar;
¿será que, vibrando su rayo primero,
la lumbre del día no tolera par?
¿o será que, desde la paz del otero,
del cielo, a hurtadillas, lo arrancó el boyero
y dentro del alma se guarda el lucero
y él es la alegría que le hace cantar?...

¡Mañanas del bosque!...
Desde mi clausura,
la voz del boyero, llegándome pura,
me vale el milagro de una evocación...
Bosque adentro el mozo, crece su figura;
como un dios avanza por la senda oscura;
la aguijada al hombro, la marcha segura,
se aclaran las sombras a su aparición.

Páranse a mirarle las blancas deidades
que vagan de noche por las soledades
y tejen las nieblas del amanecer;
el candor del mozo no hace cura de ellas
y ellas van sembrando de flores sus huellas
con una exquisita gracia de mujer.
Su canción humana las conmueve tanto
que algunas se ensayan a copiar el canto
pulsando las liras de los manantiales;
y otras, tan de cerca le rozan la frente,
que el mozo levanta la mano indolente
y todas escapan entre los hayales;
si una más curiosa queda rezagada,
el mozo, pasando, prende en la aguijada
las gasas de niebla que son sus cendales.

El boyero ignora toda su aventura;
su labor le embarga...
Pero, cuando vuelva,
su voz dará un timbre de extraña frescura,
su alegría siempre será la más pura;
¡tendrá, en todo el aire de su catadura,
yo no sé qué hechizo divino de selva!...

¡Rústico agorero, tranquilo boyero
del trabajo humilde, del vivir sincero!
¡Dios guíe tus pasos por este sendero;
nunca llamen duelos a tu corazón!
La mañana entrada, con fervor te espero;
tal vez no lo guardas en tu alma, boyero;
¡pero entre tus manos me traes el lucero
cuya luz te robo para mi canción!

RENOVACIÓN

Pequeñas marchas hice; yo las haré mayores;
conoceré, de vista, todos estos pastores;
me habrán hablado todos, cuando salga de aquí;
el camino que lleva del alto de Ibañeta
al redondel de piedras del romo Orzanzurieta,
por las pasadas que hice, se acordará de mí.

Sabré encontrar las fuentes, por sendas de cabreros;
en qué parte da el monte los mejores maderos
y qué encinas se tronchan para tostar carbón;
sabré dar con el jarro de leche, en las chabolas,
empujaré sus puertas, si las encuentro solas,
y pagaré, dejando medio pan, mi ración.
Cuatro días más tarde, daré con el cabrero
de quien bebí en la jarra, cruzando el hormiguero
de los rebaños, puestos a venta, en un ferial;
le hablaré de la leche, que me tomé a fiado;
me hablará de aquel pan, que le dejé a contado;
y, en dos pintas de vino, nos haremos cabal.

Renovará, en los usos, mi vida, sus caudales;
tantos rústicos modos me serán naturales,
que olvidaré el cansancio, que traía, de mí;
tantas palabras muertas encontraré, aquí, vivas,
y haré acopio tan grande de formas expresivas,
que no he de ser el mismo, cuando salga de aquí.

¡A pasto, a pasto, bocas de mis ansias mejores!...
Enfilaré los puertos, pisaré los alcores,
la dueña al lado, el hijo adelante, en un pollino;
no han de ser, en dos meses, otros nuestros trabajos,

que andar, de pueblo en pueblo, por todos los atajos
y entrar en las posadas, las noches de camino.

Del Guirizu taimado que, al que está en la llanura,
le esconde, en un repliegue, la mitad de su altura,
todo el valle veremos, una tarde serena:
Francia al norte, cercana; tierra vasca, a occidente;
a mediodía, el pico de Monreal, y, enfrente,
de los montes de Jaca, la picuda cadena.

Y así, luego, trillando la senda que escogimos,
nos sentiremos parte del paisaje, que vimos
en el Guirizu abrupto, bajo sus corvas hayas;
diferenciarse, lo antes uniforme, veremos;
y, según que nos abran sus puertas, sentiremos
de los distintos pueblos, las diferentes layas.

Val de Arce dilatado y Val de Ayézcua arisco;
el uno intenta industrias; y el otro tiene aprisco;
aquél urde caminos; y éste pisa montañas;
los lugares que entrambos llevan en su regazo
ya muestran, en lo vario de la aptitud y el trazo,
la diferente sangre que corre en sus entrañas.

Burguete, que ha crecido de estar junto al camino;
Arrieta, en que, al recuerdo de un vaso de buen vino,
aún veo sonreírme la moza del mesón;
Espinal, con blasones en los anchos portales;
y Aoiz en auge, centro de fuerzas industriales,
que palpita, en el llano, como un gran corazón.

De esta parte, la vida se adapta y se renueva;
la ruta cambia en oro las fuerzas que se lleva;
los polluelos son éstos y la clueca es Pamplona;
una Pamplona rica de actividad materna,
atenta a su prosapia, que trabaja y gobierna
con abarcas, debajo de la férrea corona.

Y al otro lado, ocultos, metidos en la falda
del monte, entre peñascos, los lugares:
Garralda,
nombrada en sus rebaños, y en sus potros famosa;
tiene en alto la iglesia y, en ella, un soportal

que encierra el marco esbelto de la puerta ojival,
en la mancha rojiza de su masa terrosa.

Hija del río, al lado del camino en declive,
en lo angosto y profundo del valle, surge Aribe
con su gran puente, en ruinas, tapizado de hiedra;
en una paz de idilio de huertos y trigales,
¡aún le veo, escalando sus peñas laterales,
entre bojes y robles, por caminos de piedra!

¡Recodos los del monte, silencio en los recodos!
¡Qué apartado me encuentro de los humanos todos
oyendo, por las hoces, mis pasos resonar!
Pero ¡qué valor toman las humanas pisadas
que, en roca viva, a fuerza de andadas y de andadas,
trillan estos senderos, de lugar a lugar!

Rosa entre cardos eres, para tus peregrinos,
Villanueva de Ayezcua, huérfana de caminos;
Villanueva de Ayezcua, la más vieja de todas;
en tu esquivo retiro, rica de aristocracia,
no olvidaré tus fuentes, ni la armoniosa gracia
con que, en el hondo valle, te esparces y acomodas.

Cortado a pico, el monte, que es, todo él, una peña,
su masa oscura aviva tu gracia lugareña;
Villanueva de Ayezcua, de casas señoriales,
¡bien hallada, la moza de los pasos ardidos,
y, en sus manos, la herrada, con los aros bruñidos,
que coloca en la fuente de caños manantiales!

Que te protege, dinos, y no que te sepulta,
esta loma que a todas las miradas te oculta,
y que, en tanto silencio, te obliga a tanta paz;
tus mozas, con sus trenzas pasándolas el talle,
tienen, cruzando, al vernos, con rapidez, la calle,
un pánico gracioso de ardilla montaraz.

Villanueva de Ayezcua, de casas señoriales,
me voy con la nostalgia de hacer, en tus portales,
la charla, anochecido, con tus clásicas viejas;
las he visto, a hurtadillas, mirar por las ventanas,

enérgicas, huesudas, cubriéndoles las canas
la toca negra, atada detrás de las orejas...

De esta parte, la vida, como toca al origen;
no altera, todavía, las leyes que la rigen;
y es secular y joven, como la roca viva;
Val de Ayezcua entre montes, me hiciste rastrear,
por estas angosturas, de lugar en lugar,
bajo mi España, aún fuerte, la veta primitiva.

Saldré de estos penales con un canto de guerra;
sobre todas las tierras, ensalzaré mi tierra;
seré agresivo contra todo exótico intento;
queda aquí el reservorio de la raza nativa;
¡y hay piedra en estos montes de soledad esquiva,
donde tallar los arcos para un Renacimiento!

ANTONIO ANDIÓN

(1883)

SERRANIEGAS

MI ALMA

Quiero mi alma templar en la aspereza
y en la grandiosidad de la montaña,
quiero en ella infundir la mezcla extraña
de su honda austeridad y su belleza.

De su cielo impoluto la pureza,
del reidor regato que la baña,
la humildad que a los buenos acompaña,
de sus cumbres de nieve la nobleza.

Quiero en mi alma infundir la poesía
de sus puestas de sol, luz y colores,
ungirla con aromas de sus flores,

darle la transparencia de su día.
De la sierra sintiendo los amores,
quiero verla y decir: tu alma es la mía.

ALBORADA EN LA SIERRA

De la triste mañana
bajo la gris penumbra,
un sol que aún no ha salido
vago el paisaje alumbra.

Calla en misterio quieto
la sombra del pinar,
el mudo caserío
duerme como en soñar.

Y en el bosque en reposo,
como envuelto en sopor,
sólo el regajo canta
parlero y bullidor.

Es el aire maraña
de nieblas y de sueños,
las montañas perdidas,
como monstruos roqueños.

Si un rumor se levanta
tiembla el alma en temor;
parece que pasase
la sombra de un dolor.

Es como si a las simas
profundas de la sierra,
fantasmas de la noche
huyesen de la tierra.

Fantasía, no vueles,
mira al sol ascender,
coronado de luces
con el día al nacer.

Canta ya el bosque umbrío,
un pastor también canta;
corazón, vive y late;
nació ya la luz santa.

EL TORRENTE

Aquel que no ha escalado del monte las alturas,
ni en su belleza agreste un momento ha vivido,
ni el vuelo de las águilas cerca de él ha sentido,
ni ensangrentó su mano entre las quebraduras;

no sabe de grandezas, ni del vivir gigante,
ni del paisaje inmenso, como el amor sublime,
el amor infinito que salva y que redime
cuando satura el ansia del corazón amante.

Allí el torrente bronco rugiendo va entre peñas
de libertad cantando la ruda sinfonía,
coronadas sus aguas de espumas zahareñas,

que abajo van calladas con suave melodía.
Allí saben a nieve, la linfa es pura y fría.
¡Sólo en la altura es grande, cuando hierve entre peñas!

EN LA CUMBRE

Hasta el puerto he subido y a la cumbre he llegado,
de un regato la fresca corriente me regala,
del nevero la linfa de cristal que resbala
reptando entre sabinos bajo el sol amansado.
Cerca suena el cansado plañir de los cencerros,
cantando un boyerizo al pinar se ha acogido,
suben gentes serranas el sendero escondido,
montadas en sus rucios, seguidas de los perros.

Ancha vega, de luces en la tarde encendida,
cual con beso de niña tempranera besada,
infinitos matices de la tierra esfumada,
con el azul lejano brumoso confundida.
La ciudad de mis sueños perdida en el color
de azulear borroso, velada entre calina,
silueta sutil en que mi ansia adivina
algo que es como el nido de mi errabundo amor.
¡La ciudad reidora!... ¡La ciudad bullanguera,
que es, desde aquí mirada, ciudad de un azul sueño,
velada en los vapores de un resplandor sedeño,
bajo las luces gayas de tarde dominguera!
¡Ciudad de mis amores! Ciudad que es relicario
de mi pensar inquieto, por la bruma velada,
en tu risa de fiesta desde aquí adivinada,
con tu sana alegría, con tu bullir gregario.
¡Madrid de mis amores!... Ciudad de mis ensueños
que ante mí te presentas en suave lejanía,
recibe el largo beso que desde aquí te envía
quien puso en ti su nido, su vida y sus empeños.
Amores los ocultos que la calina velan,
amistades lejanas que desde aquí presiento,
suspiros los que mando para que lleve el viento
cuando brisas errantes sobre la cumbre vuelan.
Ojos negros de reto en las caras morenas,
flores de los jardines y las galantes flores,
música de organillos, cimbel de los amores,
alma del merendero y alma de las verbenas.

¡Madrid noble y goyesco! De los poetas loa,
que tu infantil bullicio en sus versos cantaron,
que en brega con chisperos a tus majas amaron
y ofreciéronlas flores al cruzar la Moncloa.

¡Qué grande amor al verte mi corazón derrama!
¡Qué sueño el que se teje como en bordado hechizo!...
Una mano de nieve, que no veo, me llama...
Besa el sol, canta el viento rozando en el cantizo,
canta también tumbado el pastor boyerizo:
Tengo que subir, subir,—al puerto de Guadarrama...

CALMA

Noches las de hermosura,
noches serranas,
las de la luna llena,
limpias y claras.
Noches divinas,
en que se sueña bajo
la calma amiga.

Quietud de las montañas,
de los pinares,
lontananza imprecisa
la de los valles.
Vagos contornos,
que en un azul se esfuman,
tristes, borrosos.

Rumor el de las frondas,
canción del agua,
leve como una risa
cuando resbala.
Voz no sentida,
voz de amor de la tierra,
fuerte y bendita.

Rozando va la brisa
los tomillares;
parece que es lamento
de almas que pasen.

Y su canción,
loca, vehemente y ciega,
da el ruiseñor.

Un cielo inmenso, limpio,
grande, muy grande,
de lejanas estrellas
claros diamantes.
Todo grandeza,
que parece al mirarlo
de luz y seda.

Entre el verde del prado
los grillos cantan,
y su estridente ritmo
da la cigarra.
Duerme, alma, y sueña,
que es la noche de amores,
la de la sierra.

Ha quedado en silencio
todo en la noche,
ni una voz se levanta,
presa en amores.
Se duerme el alma,
del dolor en olvido,
bajo la calma.

TARDE EN LA SIERRA

Placidez de la tarde campesina,
quietud la de los valles alejados,
piar de golondrina,
los montes azulados,
verdor de la colina.
Y un reír de la brisa entre pinares,
y un cantar de la fuente rumoroso,
y una voz de mujer. Y los cantares
de niño bullicioso.
Y un azul transparente el claro cielo
donde débil centella ya se acusa,
y el aire claro velo.

¿No flota algún sonar de cornamusa
      en la tarde radiosa,
      oro, azul, verde y rosa?
Alguien me ha revelad
que por aquí ha pasado,
      una zíngara errante
      con el pelo flotante,
del color de la tarde. Oro aterciopelado.
      Y una tribu gitana
      sin ruta ni destino,
      bribiática e insana,
      negra flor del camino.
      Hay un sol lastimero,
      sordo y ronco sonar
      de algún parche al saltar,
rizar de las sonajas de un pandero.
Y entre el oro joyante de la tarde en el día,
vago lamento de la melancolía.
      Cruzara una princesa
      vestida de pastora,
      de seda y plata presa,
      en esta sutil hora,
            y dijese:
            Señora...
      honrado por vos fuese
      si a su lado me viese,
que vuestra fermosura me enamora.
      En aquella colina
      hay fuente cantarina,
            saltarina,
      hay césped muelle y blando,
            aspiraréis aromas,
            veréis a las palomas
      en la fuente abrevando...
      Parece se desgrana
en la tarde galante una pavana.
      Pastora zahareña
      que desde ingente peña
mirando estás al trasponer del sol,
      la de cara trigueña,
      la de mano pequeña
y en el pelo cantueso ababol.

Si tus ojos quisieran,
guardadas por los dos tus cabras fueran...
Quietud, melancolía,
suave luz de la tarde en el día,
aromas y cantares,
los dulces ensoñares,
y el reír de la fuente rumorosa,
andar, andar la ruta sin saber,
una voz de mujer
divina y melodiosa
nuestro paso mecer,
el rezo de la brisa en el pinar,
andar, andar y andar,
en la tarde dichosa
oro, azul, verde y rosa.

TEMPESTAD EN LA SIERRA

El cristal de los cielos, antes claro,
poco a poco empañó la negra nube,
de su choza el pastor busca el amparo,
barruntando el negror que sube y sube.
Un relámpago, un trueno, un grito suelto,
la nube ya ganó la agreste altura,
sacudido el pinar, gime revuelto
el azote del viento en la espesura.
Primero mansa lluvia, tenue y fina,
que empapando va el suelo lentamente,
y esfuma lo remoto en la neblina
de un velo de cristal. Pausadamente,
la nube ya cubrió la sierra ruda.
Hay en el gris ambiente del paisaje
como una sombra trágica que muda
amenazando está tras el celaje.
Cruza el zig-zag del rayo pavoroso
con resplandor de luz amenazante,
del trueno el trepidar ruge furioso
de cumbre en cumbre el resonar gigante.
Es como si a la hondura de un abismo
sin principio ni fin se despeñara
el mundo en un rodar de cataclismo,
y en ignoto infinito desquiciara.

De monstruos gigantescos la pelea
en regiones distantes sostenida;
del relámpago el campo centellea
como luz de otro mundo desprendida.
El rayo asolador que airado baja,
ígnea saeta de odio e ira hecha,
la peña hiende y árboles desgaja,
en el duro calvero abriendo brecha.
Cae la lluvia furiosa, despiadada,
descargando el castigo del granizo;
el agua se desprende en arroyada,
la piedra bota ciega en el cantizo.
¡Maldición!... ¡Maldición!... Gime la sierra
turbada su grandeza al cruel castigo;
un genio asolador con ella cierra
de su hermosura rústica enemigo.
Nunca más soberana en su belleza
de ruda y religiosa soledad;
sobre el amplio confín de su grandeza,
otra grandeza aún: la tempestad.

COPLAS SERRANAS

Con sonar de las esquilas,
trinos y rumor del agua,
voy a ver si hago una copla
que cantar a mi serrana.

Yo soy pastor en la sierra
y hasta el pueblo ya no bajo,
que una serrana morena
de mi querer se ha burlado.

Mi serrana, mi serrana,
nadie la enseñó a cantar,
que aprendió del ruiseñor,
el que canta en el pinar.

Arroyuelos de la sierra,
pajaritos los del campo,
decidme si mi serrana
habéis visto que ha pasado.

Como la flor del espino
tiene mi novia la cara,
y como ella tiene espinas
que en el corazón se clavan.

Ni a los lobos de la nieve
ni a otras fieras tengo miedo,
que mi miedo mayor es
a la fiera de los celos.

EN MARCHA

Adiós, sierra amiga,
mi amado refugio
que fuiste poesía prestada a mis horas
como un suave arrullo.
Adiós, claras fuentes,
las de tu espesura,
que a mi pensar disteis cadencias y sones,
salud y frescura.
Pinares sombríos,
reposo y misterio,
lenguaje bravío que a mí me decíais
y tan hondo llevo.
Nieve blanca y pura
la de tus paisajes,
que borró las sendas del vivir pasado,
quietud al prestarme.
Grandiosos crepúsculos,
gigante grandeza
de tu sol al ponerse en las cumbres
de la altiva sierra.
Coplas las de amores
que tus campos tienen,
dolor en el aire que prende en el alma
de quien las oyere.
Sencillas costumbres
contigo aprendidas,
quietud de remanso, paz de los hogares
de las claras vidas.
Noches las de luna,
mañanas risueñas,
flores las humildes de intenso perfume
que por siempre quedan.
Adiós, que es mi sino
correr sin descanso,
mi inquietud de fiebre, el loco cortejo
tras de mí llevando.
¿Adónde? No importa
saber dónde vaya,
con un corazón limpio toda tierra
es hospitalaria.

Esté dondequiera,
cruce donde cruce,
siempre han de morderme dudas y deseos,
ansias e inquietudes.
Para andar el mundo,
para ver la tierra,
llevo de ilusiones la preciosa carga,
juventud y fuerza.
Y a más he aprendido
de ti a ser humilde,
junto con la altiva y agria fortaleza
que en tus riscos vive.
Resplandor es mi alma
de tus claros días,
pureza de nieve cual la de tus cumbres
en mi pecho anida.
De tus pardas águilas
el cielo cruzando,
he tomado el deseo imperioso
de volar a lo alto.
Alma de la sierra,
tu amor es mi guía,
ungidos mis ojos irán para siempre
de tu poesía.
Adiós, sierra amiga,
que vuelvo al camino,
en pos de unas luces que ciegan y abrasan,
de incierto destino.
La canción cantando
de mis solas horas,
la canción que dicen los otros que tienen
las mismas zozobras.
Para que mis sueños
y mis esperanzas,
encuentran un hueco en los corazones
de vidas hermanas.
allá va el rapsoda
su vivir glosando.
¿Qué días me esperan? ¿Qué noches me amagan?
¿Quién oirá mi canto?

JOAQUÍN MONTANER

(1892-1957)

LA MONTAÑA

Estas montañas, no. Yo quiero aquellas
otras que se ven lejos;
verdaderas montañas.
Aquí los hombres levantaron muros
casi ciclópeos, limpios.
Casas con azulejos y ventanas
nuevas, pintadas con un verde nuevo;
torres de piedra y tejadillos rubios,
sin golondrinas;
y largos puentes de acerados huesos,
entre cuyas columnas de granito
pasan ríos que animan en las fábricas
los motores eléctricos
en torrentes de espuma.
Estas montañas, no. Nada de huellas
de coches, ni soportes con anuncios,
ni carreteras largas,
ni postes de kilómetros.

Aquellas otras que se ven moradas
en el crepúsculo.
Salvajes montes de salvajes verdes
y enmarañados árboles.
Esas montañas quiero.
Para tirar la piedra con la honda
al otro lado del barranco.
Para gritar a toda voz, y para
amedrentarme al borde de las simas
viendo lo negro del abismo.
¡Esas montañas!
Y dime: ¿qué hay mejor?
¡Flores silvestres
y vertientes serenas;
y una gran libertad, un aire, un cielo
que a mí, que soy tan pobre, me hacen rico!
¡Esas montañas, sólo esas montañas!

JOSÉ CAMINO NESSI

ARENGA AL LEÑADOR

Leñador que reposas
bajo el roble, sacude tu desmayo;
que en tu desmayo encontrarás la muerte.

Tala el roble robusto antes que el rayo
lo hienda... Tala el fuerte
y viejo robledal donde su gayo
gorjeo alzan los pájaros cantores.
Y, con el hacha, llena
la selva de clamores
al derruir los troncos y los nidos,
antes de que en los troncos demolidos
por los siglos trabaje su colmena
el enjambre de abejas laboriosas
y el hueco, ebrio de miel y de zumbidos,
ni aun sirve de abrigaño al ermitaño.
Leñador que reposas
al rumoroso amparo de los robles
sabedores de vuestras galanías
y vuestras romerías: ¡arma al brazo
con el hacha que fue, mientras dormías,
como estéril mujer en tu regazo!
Y por el bosque, el ronco
gemir resuene del primer hachazo,
cuando sangre a su golpe el viejo tronco.

Rinde el hacha... Que el recio tronco cruja
bajo tu embate, leñador; que roa
tu hacha la fibra y veta de los robles,
¡como el único diente de una bruja!
Que la renovación diga su loa
cuando tu brazo haya
truncando el tronco en que labrar la proa:
¡el mascarón tallado en la madera
olorosa, que mire hacia una playa
de triunfo adonde rijas tu galera!

Crea y destruye; que los troncos viejos
serán los aparejos
para un día vencer... ¡Destruye y crea!...
¡Labra el navío que te lleve lejos,
más lejos de tu idea!
Que otros robles traerá el tiempo, otros robles
que urdirán con su sombra a vuestros hijos
amorosos cobijos;
y este árbol que amparó con su espesura
tu primera aventura,
flor de monte que abrió en tu juventud,
hecho a tus golpes trizas
rodará como alud...
¡Y, tras de darte el lauro en tantas lizas,
harán de él tu ataúd!
No llores, leñador, porque se abata
la tradición... Las ramas seculares
que el Sol dora y henchida de cantares
en los nidos, que hicieron tu paz grata,
mañana serán gozo en vuestros llares
cuando chisporrotee la fogata.
Las ramas que hoy te dan la mansedumbre
de su sombra, mañana serán fuego
que prenderá en tus venas nueva lumbre.
Y el tronco, el respaldar de tu sosiego
cobarde e infecundo,
el viejo tronco que al terrón se aferra,
dándole por su savia vana pompa,
mañana dará al mundo
vargueños para el pan que dora el horno
—la paz de los hogares—,
y, aun más que el arca y más que los sillares
donde duerme el abuelo, más que el torno
en donde hilar los linos familiares,
dará el muñón que en el terrón se aferra
lanzas para la guerra,
para la mar aventureras quillas
y aperos a la tierra
en que poner, rasgando sus entrañas,
la dulce comunión de las semillas,
unas manos piadosas,
porque el viento no avente tus cenizas,
leñador que reposas!

CUENTO DE INVIERNO

I

Iba la niña
por el sendero.
Vio por los hondos
desfiladeros
que sonriola
y huyose luego
un ermitaño:
¡era el Invierno!

II

Atardecía...
y en las montañas,
tras de la niebla,
temblaron alas
ígneas, rojas...
¡eran fogatas!

III

Rodaba el viento
igual que un lloro...
Sonó un rabel
dentro de un chozo...
Más allá, aullidos:
¡eran los lobos!

IV

Como las charcas
que fosforecen,
fosforecían
pupilas verdes...
¡Qué alba la senda!
¡era la nieve!

V

Volaban brujas
a su aquelarre;
bajaban sombras
de los pinares...
Tiñose el suelo:
¡era la sangre!

VI

Cuando hubo ruido
en los rediles
y la alborada
dio sus carmines,
junto a la muerta
viose una efigie
blanca, con rosas:
¡era la Virgen!

LAS VOCES DE LA SELVA

Voz lejana de doncella:

Hilo de contino
en mi rueca el lino
para el peregrino
que me haga merced
de enjugar mi llanto...
¡Nadie en el camino!
¡Crezca mi quebranto!
¡Lágrimas, corred!

El peregrino:

Por sendas fragosas llegué a este robledo,
donde cantan pájaros, donde mora el Miedo
como un ermitaño, donde hacen su ruedo
al claro de Luna, cogidas las manos,
los buenos enanos
en torno a la hoguera.
De margaritillas,
trébol y vilanos,
tejen la guirnalda
para la hechicera
doncella que canta
en la lejanía
—¡canto de alborada, ruiseñor de umbría!—
Ella ha de guiarme por mi ruta santa;
me dirá el secreto
con que yo la puerta más recia abriría;
pondrá en mí su boca, que de la alegría
es el amuleto.

Las voces de la selva:

Torna en tu sendero;
no cabalgues más...
si a ella vas, romero,
nunca volverás...
¡Se abrirá el fosal del buen caballero!

Voz lejana de doncella:

El ogro me ha puesto cadenas...
No hilaré ya los linos nupciales...
¡Eunucos de carnes morenas
guardan mis umbrales!
¿Por qué, mi amor, tardas?...
Rojea de sangre el sendero,
refulgen, al luar, alabardas.
¡Cien Argos ha puesto, cien guardas,
mi cancerbero!

El peregrino:

¿Quién canta al llorar?... Sólo los enanos
son luna y rocío sobre los vilanos...
Pasa por la selva su segur la Muerte...
¡Yo seré más fuerte
que la Muerte; iré
al Amor que llora por que la liberte!
¡Cuál fulge mi espada, cuál fulge mi fe
—la espada de oro
que mi ánima blande—!
¡Ábrase la selva al son de su lloro;
caiga el robledal
a mi fortaleza; que amor me hace grande!
¡Írganse los Argos al grito sonoro
del cuerno triunfal!

Las voces de la selva:

Detrás de cada tronco, desdibuja
su contorno una bruja;
los hilillos de plata de las fuentes
se truecan en serpientes;
aúllan los lobos con feroz aullido
devastando el ejido;
de los robles que hendieron las tormentas
los genios son autentas...
Mueren los ruiseñores
al pie de sus nidales...
¿Y aquellos baladores
y tiernos recentales

que triscaban antaño?
Ya no cantan zagales
conduciendo al ejido su rebaño...
¡El Mal acecha en cata de ermitaño!
¡Tórnate, peregrino!

El peregrino:

No son sangrientas huellas
las que dejó: ¡son rosas del camino!
No brillan tras las zarzas
los ojos de las brujas: ¡son estrellas!
No despiertan las garzas
bajo fieros halcones...
No abren lises de sangre en los vellones
de los añotos: ¡tiemblan sus balidos
con la canción de plata de la fuente!
Como el amor me guía
y me hace rey del mundo, de relente
y de luna, en mi frente
la noche entretejió su pedrería.
¡Si a mi paso se acallan los aullidos
y gorjeos de aurora hay en los nidos,
es porque ya estoy cerca de ella! ¡Es mía!

Voz lejana de doncella:

Me han dado cadenas nuevas,
me han llevado a oscuras cuevas...
Como un lobo en su espelunca
aúlla el alma de pena...
Es eternal la cadena
que todos mis sueños trunca,
y no hay mortal que la quiebre...
¡Nadie calmará mi fiebre
de amor, nunca!

El peregrino, expirante:

¡Nunca!

Las voces de la selva:

¡Nunca!

CANTABA LA VAQUERA

Del monte en la ladera,
al son de los cencerros,
cantaba la vaquera.

El latir de los perros
se oía en las cabañas
de los nevados cerros...

¡Las nevadas montañas
que alegran los pastores
con su albergue de cañas!

Las águilas y azores
coronaban la frente
blanca de los alcores.

Y había un son de fuente
oculta en la campiña,
que hilaba su corriente.

La escuchaba la niña
vaquera y, reclinada
en la burda basquiña

como en fina camada,
ponía una res llanto
de amor en la mirada.

¡Sus alas abrió el canto
del manantial, igual
que un musical encanto

con el sol matinal
en la nieve cimera,
con la voz del zagal

y el latir de los perros!
En tanto, en la ladera,
al son de los cencerros,
cantaba la vaquera.

GEÓRGICA

Cuando el zagal apresta su cabrada,
a la alborada, y hay en los rediles
cadencias pastoriles que el reposo
del establo, oloroso al heno sano,
turban; cuando, con mano sabia, ordeña,
en el cuerno, la dueña de halda y tocas,
tú retocas jubón y zagalejo,
y te ves al espejo de la fuente,
trémula del relente que te baña
como flor de montaña: ¡que eres como
        flor de montaña!

Por saludar al sol, dejas tu casa
pastoril, y él retrasa sus albricias
dándose las delicias de tu enojo...
Rasan el gris rastrojo las alondras
que, al cantar, atolondran; los corderos
balan por los senderos; en los nidos
de los robles hay ruidos... Dan lejanos
ladridos los alanos en las lomas;
y cuando asomas tú, gentil doncella,
dicen: "¡Ya viene ella!" Todo dice:
        "¡Ya viene ella!"

¡Cuánta serenidad en la montaña!
¡Qué paz el valle entraña, amortajado
por la niebla del vado y los alfoces!
¡Cómo vuelan las voces cual rapiñas,
rondando las campiñas pastoriles!
Ríen los tamboriles cuando lloran
la siringa pastora hecha de cañas
—¡la voz de las montañas!—, y en el cielo
te cercan con su vuelo los neblíes
mientras cantas y ríes! ¡Todo mientras
        cantas y ríes!

¡Por ti me hice pastor; mi amor profundo
es halcón para el mundo y es cordero
para ti! Hice en tu otero una cabaña
de espadaña y de caña, contra el lobo,
y, ebrio de arrobo, el corazón sencillo
puse en tu corderillo de albas lanas...
Con agua de fontanas, con panales
y moras de zarzales, me solazo;
y es maternal regazo el haz tan bueno
y tibio de heno! ¡Por soñar contigo
      un haz de heno!

Ya mis ofrendas te hice. Un vellocino
blanco, y más albo lino que, llegada
la invernada, hilarás, después que ceda
la tarde, al son de queda; el don sencillo
de un cuerno de novillo, socavado,
en donde puso el prado los olores
de sanas flores; miel de que hallé henchidos
viejos troncos hendidos por el rayo;
azucenas de mayo, y salvia y ruda...
y una tórtola viuda y un azor...
¡Y un grande amor! ¡Ofrendas de montaña
      y un grande amor!

LA TALA

¡Hacha de plata,
da tu canción
con la cantata
de mi corazón!
¡Hacha de plata,
da tu son!

¡Ay, la arboleda
del robledal!
¡Ya en ti no queda
ni un manso nidal!
¡Ay, la arboleda
del robledal!

Se abate el tronco
más corpulento,
y rueda un ronco
y triste lamento.
Se abate el tronco
más corpulento...

El bosque había
frescor y olor,
plácida umbría,
asilos de amor.
¡El bosque había
frescor y olor!

Del bosque umbrío
no queda más.
¡Corazón mío,
también tú caerás!
Del bosque umbrío
no queda más.

Pero ¿qué importa
si nada valgo?
La vida es corta,
para importar algo.
Pero ¿qué importa
si hada valgo?

En la llanura
tendrán rencor
a la locura

del buen leñador.
En la llanura
tendrán rencor...

Caigan las ramas
al golpe que dé.
¡Si matas lo que amas,
tú sabrás por qué!
Caigan las ramas
al golpe que dé.

Del bosque umbrío
no queda más.
¡Corazón mío,
también tú caerás!
... Del bosque umbrío
no queda más.

SERRANILLA

A la alborada
toda rosada
en lejanía,
paré el rocino
porque venía
en romería
por mi camino
una pastora
como la aurora
de bella, igual
que el sol que dora
con luz triunfal
la serranía;
a la alborada
toda rosada
en lejanía.

¡Más hechicera
no la creyera,
ni más galana
que ésta lo es,
el buen marqués

de Santillana!
Nadie la gana
en compostura,
ni en hermosura,
ni en el gracejo...
¡Cuán breve hechura
muestran sus pies
so el zagalejo!
¡Ay, si el marqués
ve a esta serrana;
más hechicera
no la creyera
ni más galana!

Le dije: "Moza,
¡cuán se alboroza
mi corazón,
que se hinche al verte
de tentación!
Tras tu ganado
vas a la muerte
sin ver la vida...

¿Fueras de grado
mi entretenida?
¡Quién fuese oveja
que por ti deja
ser conducida
con tanta unción!"
Le dije: "Moza,
¡cuán se alboroza
mi corazón!"

No son tus manos
para villanos
de estos oteros,
ni tus pies son
para senderos
de los cabreros.
¡El corazón
echa a rebato!
Deja tu hato
como el gorrión
deja su nido...
Oye mis votos...
Pon en olvido
este balido
de tus añotos.
Ven a mi cuido
por los senderos...
No des tus manos
a los villanos
de estos oteros".

Me dijo: "Calla;
fuera en batalla
y amo la paz,
y más prefiero
ser montaraz.
No amo el dinero,
buen caballero.
Mi dicha cierta
no trocaré
por esa oferta
de vusarcé.

Un jubón basta
y un tosco brial;
bebo en el asta
que dio un eral,
del manantial.
¡Pan de centeno
y un haz de heno!...
¡Me enjoya el sol
y engayo el seno
con ababol
y heno del haz!"
Me dijo: "Calla;
fuera en batalla
y amo la paz".

Siguió su vía,
ya entrado el día,
allá, a lo lejos.
¡El sol ungía
de áureos reflejos
la crestería!
Dio la serrana
rudo revés
a mi hidalguía
con su inhumana
ciencia montés.
¡Oh buen marqués
de Santillana!,
no viste igual
moza hechicera...
Su ánima era
como el cristal
de los espejos;
libre del mal
de mis consejos...
Siguió su vía,
ya entrado el día,
allá, a lo lejos,
cuando se ungía
de áureos reflejos
la crestería...

PAISAJE MELANCÓLICO

Cantan los leñadores
en el pinar.
Del valle a los alcores
vuela el cantar.

En las ondas tranquilas
del verde henar,
las vacas sus esquilas
hacen sonar.

Cantan en la montaña:
"¡Siempre a acordar
mi tierra, mi cabaña,
mi hembra y mi llar!"

Y las vacas, ajenas
a aquel pesar,
rumian: "Calla tus penas,
déjanos estar!"

Bordean los pinos
igual que un mar.
Pasan los peregrinos
junto al tomillar.

Llora uno: "¡Ya soy viejo!
Voy sin hogar...
¡Mi vida es un reflejo
crepuscular!"

Las vacas sus cervices
alzan, al par.
Son felices, felices
sin más pesar
que no ser expeditas
en replicar:
"¡Vete allá con tus cuitas,
déjanos estar!"

LUIS FERNÁNDEZ ARDAVÍN

(1892-1962)

EL ESCORIAL

A don José Ortega y Gasset.

¡Escorial! ¡Escorial!... Severamente,
sobre la brava sierra,
alzas tu aristocracia frente a frente
de la pelada tierra...
¡Y estás meditabundo
y solitario y grave sobre el mundo!

¡Escorial! ¡Escorial!... Quiero llevarte
como norma perpetua de mi vida
y de mi arte...
¡Noble severidad, estarme unida!...
Severamente,
haz que esté altiva, como tú, mi frente...

¡Bojes de tu jardín! ¡Cúbicos bojes!...
¡Estanques, claustros, patios, galerías!...
¡Campanas en que lloran los relojes!...
¡Piedras frías!...
¡Como vosotros, quiero
ser tan firme y tan puro y tan severo!...

¡Monjes del Escorial!... ¡Oh patriarcas
que bajo vuestras celdas silenciosas
enterráis los monarcas
como la más sencilla de las cosas,
y abrís las gusaneras
para las coronadas calaveras!...

¡Monjes del Escorial!... ¡Oh pensativas
frentes que soñáis tanto!...
¡Yo, con mis llagas vivas,
y con mis manos, de dolor temblantes,
quiero ser santo,
enterrador de reyes y de infantes...!

¡Escorial! ¡Escorial!... Tardes de invierno
en que vienen las gentes
a pasear, con ese tedio eterno
que es la melancolía,
bajo la galería
de los Convalecientes,
y un sol tímido y sin
calor, dora los bojes del jardín!...

¡Escorial! ¡Escorial!... ¡Oh tarde fría
hecha para hilvanar meditación
sobre filosofía
o sobre religión!...
¡Solitario jardín del Monasterio
que lleva el corazón hacia el misterio!...

El ave blanca—que es el alma—, inquieta,
bate las alas, y tendiendo el vuelo,
posada en la veleta,
asa del polvo de la tierra al cielo...
¡Escorial!... ¡Por un hondo misticismo,
en ti me vi volar sobre mí mismo!...

¡Lonja explanada donde el paso suena,
rechinando la arena
sobre las grises losas!...
¡Por la que al ronco son de la campana
pasan, en la mañana,
las enlutadas misteriosas!...

¡Lonja explanada!... Fieros nubarrones,
rotos por das veletas en jirones,
te dan un tinte cárdeno y oscuro...
¡Lonja explanada donde el frío viento,
bajo la sombra del gigante muro,
limpia el alma de todo pensamiento
impuro!...

Hileras de ventanas enrejadas,
sin damas y sin dueñas...
¡Torres empizarradas
que desgarran las nubes velazqueñas!...

¡Fondo de serranía
de robles y peñotas,
y ventisca bravía
que en remolino fiero,
las haldas ciñe al hueso a las devotas
y deshace el embozo al caballero!...

Esto es El Escorial: un Monasterio,
museo, tumba, iglesia y maravilla...
¡Hay enterrado en él todo un imperio!...
¡Y una luz amarilla
que le baña por fuera,
le da una aristocracia más severa!...
¡Ésta es la obra de don Juan de Herrera!...
¡Don Felipe Segundo
la dejó este silencio tan profundo!...

Envío.

Maestro: vos que habéis, en esas tardes frías,
paseado a la sombra del Monasterio, hilando
como hilillos de plata vuestras filosofías,
permitid que, temblando,
os ofrezca estos versos, que son, porque son míos
también un poco fríos,
pero que tiemblan como el ave inquieta
que vi posada un día en la veleta
central
de nuestra maravilla, El Escorial...

El Escorial, 20 diciembre de 1914.

CASTILLA

MOTIVOS DE LA MONTAÑA CARPETANA

TIERRAS LLOVIDAS

A Enrique Díez Canedo.

La niebla cubre el otero y está la tierra llovida
Se humedecen los aromas y verdean las encinas.
Las nubes acardenadas, abierto el seno, lloviznan

o ensombrecen a manchones las llanadas amarillas.
Una clara luminosa brilla por la lejanía,
y en un pardal rastrojero la luz de otra clara brilla.
Siguiendo arriba los surcos de la tierra labrantía,
en el terrón empapado las yuntas quedan hundidas.
¡Loadas sean las nubes si por septiembre vacían,
que bien se clava la reja y bien la arada se guía!
Mojados los aparejos, las colleras desteñidas,
chorreando los ijares y las crines pegadizas,
el tiro de la galera gana, al paso, la subida.
La galera se ha lavado. El hule en la baca brilla,
y se pinta más bermeja su color descolorida.
¡Ay, galera, galerona de la mesonera antigua!
¡Qué pocas ya las que mojan los nubarros de Castilla!
Vuelve la lluvia en chubasco; luego, en turbión se termina.
Se aclara el cielo un instante. Ciega, a la luz, la pupila.
Siguiendo la carretera, toda en charcos embebida,
va una vieja. Por los hombros lleva echadas las haldillas,
que infla en corcovas grotescas, soplando, la ventolina...
... La niebla deja el otero. Está la tierra llovida.
Se humedecen los aromas y verdean las encinas.
¡Se va extendiendo la clara que abrió por la lejanía
y cantan sobre los surcos, rastreras, las golondrinas!

1920.

EL ALBA EN EL TREN

Rebaños... El pardal de los rastrojos.
Las nieblas en las crestas y canchales...
Espesuras sin sol... Árboles rojos...
Un arroyo que baja entre jarales...

Vellones del otero vienen, vagos,
indecisos de gris, copos deshechos...
Verdes los robles y los jaramagos,
y en las cimas heladas, los helechos...

Pita el tren en la niebla... Se fatiga.
Va subiendo, subiendo...
¡Lloran los pinos en la cumbre amiga,
agua, hielo y resinas escurriendo!...

Suena un breve estertor. El tren se inclina
para tomar la curva pronunciada...
La niebla se hace espesa, y la llanada
va hundiéndose al pasar... No se ve nada.

En el fondo del valle, los arroyos
serpentean un brillo intermitente...
Se ven, entre la niebla, los rebollos
como en un transparente.

Amarillos los álamos de plata.
Las choperas, bermejas.
Prusia, los pinos; sangre, una fogata,
y blanco de marfil, unas ovejas.

No hay pájaros... Subimos. Se difuma,
se deshace el paisaje.
Las peñas se recortan en la bruma
y el helecho dibuja un gran encaje...

Armonías de azules y morados.
Canchales, torrenteras...
Están los barrancones inundados
y anegadas de charcos las trincheras...

La trinchera se estrecha, hosca y sombría...
Una piedra gigante, como un sapo
meditando a la orilla de la vía,
se agranda, poco a poco... Un gusarapo

mira al tren, en su charca, atentamente.
Una boca muy grande y muy oscura
—fauce de un túnel—cierra la pendiente.
El tren pita al entrar, sopla y fulgura.

En lo oscuro del túnel, los viajeros
se contemplan. La llama mortecina
tiene estremecimientos agoreros...
La otra boca del túnel se ilumina

y salimos a un puente trepidante,
donde la niebla se agarró, tan densa,
que parece colgante
sobre el vacío azul. La mancha extensa

de un inmenso pinar baja hasta el puente;
y el puente se reclina en su espesura
con la misma dulzura
que un mastín en la tolla de una fuente.

... Hemos llegado ya. También nublado
ha llegado septiembre ante nosotros.
Nos aguarda una yegua y a su lado
los espantados potros.

—¡Llovió, señor, llovió!—dice el potrero.
Pasa un auto. Se asusta la potranca,
y a poco sólo queda, en el otero,
del tren el humo gris, que va rastrero,
y del auto veloz, la estela blanca...

1920.

LA NUBE

La blanca nubecilla que, lejana,
iba llegando de la tierra llana,
dejó el solar paniego,
se deslizó por los herrenes, luego
se encaramó a los mundos berrocales,
subió hasta los canchales,
y a la cresta desnuda y descarada,
cual vellón en espino de majada,
ancha y crecida, se quedó agarrada...
Hinchando fue su dilatado seno;
el valle ensombreció, gimió en un trueno,
y, horrenda y negra, desde el alto risco,
rasgó su vientre y arrojó el pedrisco...
¡Ya blanca nubecilla que, lejana,
iba llegando de la tierra llana!

1920.

SOL VIVAZ

Dame las gafas negras, que el sol hiere los ojos
cuando rompe estas nubes estivales
y en el agua brillante, que encharca los rastrojos,
refleja sembraduras de cristales.
¡Muchachos, los que vais a Peñalara!
¡No subáis sin las gafas, ahumadas, del abuelo,
que hay una luz reverberante y clara
que parece brotar de la entraña del suelo!
Y en los nevazos o en la gran laguna
—dardos, prismas de luz, saetas luminosas—
¡se os clavarán en la pupila bruna,
de galgo joven, con que veis las cosas!

1920.

PERRO DE GANADO

Tiene de lobo el colmillo
y de oveja la mirada;
erizado el pelo tiene
más que su aguda carlanca;
cuando ladra a medianoche
estremece la majada;
cuando busca entre los brezos,
temblando queda la jara;
cuando roncha el hueso mondo,
cruje su recia quijada;
al paso me sale siempre
por el hueco de la barda;
primero causome susto;
ahora, alegría me causa...
¡Tiene de lobo el colmillo
y de oveja la mirada!

1920.

CANCIÓN DE RÍORRISUEÑO

> *Nuestras vidas son los ríos*
> *que van a dan en la mar.*
> (Jorge Manrique.)

¡Suena en el bosque sombrío
el hacha del leñador!
¡Bajo el puente pasa el río,
saltarín y cantador!...

En el sereno remanso
de una alberca natural
se acoge, para un descanso,
al lecho del pedregal.

Y, otra vez, sobre la guía
de su cauce al descender,
¡canta el río la alegría
de saltar y de correr!...

El hacha suena más lejos...
sale el río del pinar,
y, entre reajos sobejos,
en los prados viene a dar.

Las aguas rilan someras,
transparentes bajo el sol,
entre las verdes riberas
donde anida el caracol.

Viene a abrevar la novilla,
y el toro y el recental,
plantados, ven cómo brilla
su luminoso cristal.

Y tanto reluce el río,
que, cegados por su luz,
huyendo a su praderío,
bajan los tres la testuz...

* * *

¡Gira el aspa molinera
y, cantarina también,
la espuma salta ligera
por la barda hasta el herrén!

¡Ríe el prado ribereño
bajo el cielo de zafir,
y ríe el Ríorrisueño
con un sonoro reír!

Que dio al pinar la frescura,
al molino dio el mover,
a las dehesas la verdura
y a la torada el poder.

Y va por los praderíos
hasta el paniego solar,
¡sin envidiar a los ríos,
"que van a dar en la mar"...!

1920.

EL LLANTO DE LOS PINARES

Se han posado las cigüeñas en el viejo campanario
y una banda de veloces inquietantes golondrinas
ha traspuesto las colinas...
¡Van en busca de la Cruz de otro Calvario
y de un Cristo a quien quitarle las espinas!...
...¡Pero Cristo ya no vuelve—golondrinas primorosas!...
Ya no vuelve, porque ha visto
que el rosal que él injertó ya no da rosas...
Silenciosa está la cumbre milenaria...
Sus peñascos son gigantes redivivos
que parece que nos miran pensativos
y que rezan por nosotros su plegaria...
¡Cómo lloran los peñascos en la cumbre solitaria!...
¡Viejos pinos olorosos
que lloráis en la colina
derramando lagrimones de resina!
¡Viejos pinos generosos,
tan inmóviles, tan altos y armoniosos!
¡Viejos pinos centenarios,

venerables como monjes solitarios!
¿Ha cruzado el Redentor la Serranía?
...En las piedras de la senda abandonada
       una huella ensangrentada.
Sigue el rastro que ha dejado una sangría...
¿Quién sangró por estas breñas?... Jesucristo...
      Los pinares que le han visto
      triste, herido y olvidado,
conmovidos desde entonces han llorado...
¡Los pinares desde entonces dolorosos,
      para siempre quejumbrosos,
      por la sangre purpurina
      derramada en la colina,
lloran, lloran con amargos lagrimones de resina!...

      Corre el río, melancólico y eterno,
con la sangre de las nieves del invierno...
      Corre el río misterioso
      como un llanto silencioso...
Corre el río, la tristeza de la vida murmurando
      ¡y es que el río va llorando!
      —¿Por qué lloras, viejo río tan sonoro?
      —¿Por qué lloro?
Porque el trigo que sembró el Crucificado
      se ha secado.
La cascada rumorosa de la vida
      se ha quedado silenciosa...
Y en la cumbre en otros tiempos florecida,
      y olorosa,
      ¡ni una rosa!...

* * *

Ya se marchan las cigüeñas del arcaico campanario...
Vuelven tristes las veloces inquietantes golondrinas...
　　¡Han corrido las colinas,
y no hallaron otra Cruz ni otro Calvario,
ni otro Cristo a quien quitarle las espinas!...
　　¡Viejos pinos olorosos!
　　¡Viejos pinos centenarios!
　　¡Viejos pinos generosos,
　venerables como monjes solitarios!
Proseguid eternamente en la colina
derramando lagrimones de resina...
　　¡Por los siglos de los siglos, vuestro llanto!
　　Se ha podrido tanto, tanto,
　　el rosal de nuestra vida,
　　que no crece;
y en el alma, en otros tiempos florecida
　　y olorosa,
¡por los siglos de los siglos, no florece
　　ni una rosa!...

JOSÉ DEL RÍO SAINZ

(1884-1964)

EL ESCORIAL

Es una piedra más; la piedra ingente
que resume el adusto panorama;
allí está España, austera y penitente;
sayal y yermo, resplandor y llama.

Herrera se bebió todo el paisaje
para saciar su sed, tonos y luces,
y alzó la mole enorme y el encaje
puso encima de cúpulas y cruces.

La piedra milagrosa y centenaria
es heroica y es dura; es la plegaria
que brota de los labios de un soldado

vestido como el campo de granito,
y ante Dios y la Muerte arrodillado
en un deslumbramiento de infinito!

SIERRA DE GUADARRAMA

LA MUJER MUERTA

Las gibas
de las cimas
son como ubres de piedra
hechas por Dios,
para nutrir al sol
en los albores de su epifanía.

Vistos desde el llano,
parecen los cerros
cuchillos mellados
de cortar albas, noches y misterios.

Vistos desde lo alto,
tienen el aspecto
de negros y curvos gruesos espinazos
de viejos camellos,
que están descansando,
rendidos del peso
de verse cargados
de nubes, de luna, de sol y luceros.

CARLOS MARTÍNEZ BAENA

BEBÍ EL AGUA CRISTALINA

(GUADARRAMA, REVENGA)

Bebí el agua cristalina
que brindan
en tazones de piedra,
de cristal y tierra,
los manantiales;
pero ninguna
tan pura
como la que, con tus manos
de madre,
puestas en forma
de concha,
me diste una mañana
al pie de la montaña.

¡Agua
clara
de Guadarrama,
que copiaba
tu alma!

ARTURO CAPDEVILA

(1889-1967)

SERRANILLA

Había en las sierras
un eco sagrado.
Brillaba el lucero
del agua del alba mojado.

Se pintó una línea
en el horizonte.
Andaban ovejas y cabras
camino del monte.

En el cielo de oro
se teñía un lampo.
Llenaba los aires
frescura de hierbas del campo.

Borrosa en el alba
la húmeda senda subía.
Por sierras de Córdoba,
mañana de gloria se abría.

JUAN ALCOVER

(1854-1926)

LA SIERRA

Copeo, copeo, copeo traidó;
Roseto encarnada,
Si t'he agraviada
Jo't demán perdó.

¿Quién trae la estrofa, perfume de ayer,
rumorosa abeja de la soledad?
Cuando en mi ventana, al atardecer,
la mirada extiendo sobre la ciudad,
y el alma errabunda se pierde, lejana,
            en la sierra inmensa
que cruza la isla, como alta defensa
contra los embates de la tramontana,
de la sierra entonces brota una canción,
y la melodía se torna visión.
"De una vida de oro a hablarte he venido.
De la vida libre que tanto has querido;
soy la campesina que ofrendas te di,
vengo de la sierra, mas no para ti".

¡Oh flor de montaña, morena exquisita,
graciosa payesa de breve cintura,
            que la curvatura
            del cántaro imita!
Por la madrugada en torno congrega
el enjambre de aves que a su voz atiende;
sombrero pajizo del sol la defiende
cuando las macetas del estanque riega.
Para dar al pobre la humeante sopa,
confitar membrillos y zurcir la ropa
o curar las llagas no hay otra mejor.
            Recita baladas
y sabe consejas de monstruos y hadas
            y cubis en flor.

Ofrece a la abuela en su dormitorio
el vaso de leche que ordeñó su mano;
en llegando el día de su desposorio
irá a ser el ama de un lugar lejano.
La noche del sábado se pone a escuchar,
y un secreto gozo palpita en su pecho
cuando en la salvaje negror del estrecho
donde acaba el valle, suena un relinchar
que le es conocido;
montado en su yegua llega el prometido;
entrando en el patio, salta de la silla,
saluda a los padres, salúdala a ella,
y a su vera está
y no bien la estrella
matutina brilla,
por la misma ruta de nuevo se va.

Y entonces la noche, que lenta declina,
todos los parajes, luces y rumores,
el ronco torrente, la luz matutina
que va despertando los gallos cantores;
los bueyes que pacen y los aradores,
los pueblos dispersos en amplia llanura,
el chivo barbudo que asoma en la altura;
el remanso quieto dentro de la gola
de la peña brava,
cual gota de escarcha en una corola;
la mujer que lava y la que entrecava;
olmos, olivares, viñedos, sembrados,
cortijos, molinos, fuertes almenados,
para el viandante
que cruza los campos, llena de dulzor
del tierno coloquio el alma radiante,
todo es una fiesta que canta de amor.
Oh montes abruptos de la serranía;
oh la visión pura que de allí me envía;
capullo fragante
de una primavera
que me da nostalgias de la edad primera;
si intento alcanzarle la trenza colgante,
ella se desvía...

"Copeo, copeo, me hiciste traición,
                capullo encarnado,
                si te he agraviado,
                te pido perdón".
            Ella se desvía,
y mientras se esfuma en la lejanía,
y en luz se convierte lo que era visión,
en luz solitaria en la majestad
de la cordillera altiva y callada,
                toda aureolada
                de serenidad...
            En mi alma retoza
            la voz halagüeña
            de la gentil moza
            que parará en dueña:
"Soy la campesina que ofrendas te di;
vengo de la sierra, mas no para ti".

        Oh montes abruptos de la serranía;
lentiscos, enebros, selvática umbría;
negrura de silos en el encinar;
soleada ardiente que besa el pinar;
sombra del ramaje de gomas ungido;
cantos de verbena que llegan al mar
de la iglesia abierta, cual ojo encendido;
mulas corredoras que cascabelean
                con trote ligero,
                bajando la cuesta;
                hachas que llamean
siguiendo a la moza que el baile primero
                bailará en la fiesta;
                soledad huraña
donde gime el eco de gótica gesta
que del fratricidio recuerda la saña;
doblar de campanas, cortejo luctuoso
que el rezo murmura, siguiendo la caja;
                árboles que rozan
                con la rama baja
los toldos de carro que van hacia el coso;
mirlos que en la fronda saltando retozan;
cánticos de trilla, cadencia arabesca,
grupos que a la fuente van de la salud,
y frutas fundidas en la boca fresca,

henchida de risas de la juventud;
musa de cabellos blancos que olvidadas
historias recita,
azul lucecita
de los cuentos de hadas,
que eran el encanto de nuestra niñez,
sois la exquisitez,
sois la melodía
y el encantamiento,
donde el alma siento
de la patria mía.

(Maseras, trad.)

SALVADOR ALBERT

EL CIELO TODO NIEVE

El cielo, todo nieve, en el brumoso
imperio de las cúspides altivas,
bajo el grave misterio del invierno,
se ha tornado, al besarle el sol, estanque
que duerme allá en el fondo del abismo,
quieto y azul, sintiendo la añoranza
de la elevada cumbre para siempre.

No es agua muerta, es agua que allá sueña,
de sombras rodeada en pleno día,
pues no le llega la claror del cielo.
Agua dormida en soledad profunda
que con tristes miradas se despierta
cuando en ella se bañan las estrellas.

DE MI VÉRTIGO TIEMBLA LA MONTAÑA...

De mi vértigo tiembla la montaña
cuando en su clima libo el azul puro...
la siento palpitar como una entraña,
y apoyado por una fuerza extraña
me encuentro encima de ella más seguro.

EN LA CIMA

En esta imponente sierra
impera la soledad;
si no hay voces de la tierra,
se oye aquí a la Eternidad.

En la cima, el alma flota
cual gaviota en el mar,
y aspira sólo a ser gota
de este océano de paz.

(Trad. Maristany.)

EDUARDO ALFONSO

GUADARRAMEÑA

DESCANSO

Allá en el fondo del anchuroso valle
y al crujir de la leña en el hogar,
he sentido en momentos inefables
la más profunda paz.
Fue en el valle silente del Lozoya.
Fue en la vieja Cartuja del Paular.

Silencioso, bajando de los Cotos
por el camino largo del Pinar,
después de cruzar tollas y senderos
en lento caminar,
a través de la umbría de los pinos
vi del valle el alegre clarear.

Mis amigos, los pinos centenarios
vestidos de líquenes, cubiertos de verdor
me ofrendaban el palio de sus ramas
brindándome frescor,
y sendero adelante, entre sus troncos,
pasé solemne y lleno de fervor.

Los rumores eternos de las aguas
que bajan de las cumbres hiciéronme sentir,
sumido en el encanto de la selva,
el gozo de vivir.
Y un ave díjome, como a Sigfredo,
celestes dichas, dulce devenir.

La quietud misteriosa de un remanso
de transparentes aguas verdosas, y el mecer
de las ramas por el céfiro suave,
conmovieron mi ser.
En el fondo de seda del paisaje
volaban los insectos en luz de atardecer.

Caminando al ocaso entre los montes
recortados y oscuros en luz crepuscular,
vi de una cruz los brazos y oí un rumor de fuentes;
senteme a descansar.
Fue en el silente valle de Lozoya.
Fue en la vieja Cartuja del Paular.

Mayo 1929.

FERNANDO LÓPEZ MARTÍN

LAS CUMBRES

Las cumbres son firmes.
Las cumbres son bravas.
Que en las viejas cimas de las sierras hoscas
se forjan del rayo las lumbres airadas,
los silbos del viento,
y el grito iracundo de las roncas águilas.
Las cumbres son firmes.
Las cumbres son bravas.

Si la luz
de la pálida
luna, en las cumbres homéricas
prende jirones de llama,
es el hosco perfil
de las sierras, de la noche en la paz solitaria,
apiñada legión de guerreros,
de pardos sayales y airones de plata,
que apoyando la cruz de sus manos
sobre el rudo sostén de una espada,
vigilan solemnes
la dormida extensión de las landas.
Las cumbres son firmes.
Las cumbres son bravas.

Si las aves cantoras del viento
despiertan sus alas,
y con ellas sacuden las cimas
indómitas y agrias,
tiene el aire, al batir en las cumbres,
rumores y estruendos de líricas arpas,
de líricos claves labrados con sones
de crótalos, sistros, timbales y flautas,
sublimes cadencias
de parches y cañas,
que fuesen tejiendo, con graves acordes
y en rítmica escala,
rumores de brisas
y estruendos sonoros de mares que braman.

Las cumbres son firmes.
Las cumbres son bravas.

Si los leves pegasos de oro que rige la aurora,
en las cumbres detienen el giro fugaz de su marcha,
y luego, piafantes,
en los cóncavos ecos dilatan
la voz de sus belfos,
agudos clarines que anuncian el alba,
en las cumbres ondea, al conjuro,
soberbio oriflama,
rojo sol que viniendo de Oriente
por los mundos ubérrimos lanza,
siempre puras
y siempre en crisoles de energías y luz renovadas,
las semillas fecundas y eternas
de la alegre y triunfal esperanza.
Las cumbres son firmes.
Las cumbres son bravas.

¡Ay!, quién como ellas
pudiera en el alma
sujetar de la lira los sones,
los vuelos del águila,
de la aurora los iris que alumbran,
de los rayos las iras que matan,
de la muda quietud de las piedras
la dura constancia,
todas las virtudes, todos los arrojos
y todas las ansias,
para ser en los tiempos futuros el roble paterno
del que cojan el bien y la ciencia las ínclitas razas.
Las cumbres son firmes.
Las cumbres son bravas.

JUAN DE CONTRERAS

LA ALGARADA

Brillaba la luna nueva
como una segur de plata;
el cielo, como de fiesta,
se encendía en luminarias;
el monte de Berrocoso
erguía sus cimas claras;
al un lado, las llanuras
de Sepúlveda y de Prádena;
al otro el val de Lozoya
que es valle de frescas aguas;
negreaban los pinares
en la sierra, toda blanca.
¡Noche tranquila de enero,
noche serena de helada!
Como puñales buidos
tus hielos, callando, matan.
Cabe el Canchal de los buitres
la nieve está ensangrentada;
se alzó de la nieve el moro
que a los jinetes guiaba;
mataron su yegua negra,
huyeron sus gentes de armas,
por muerto le abandonaron
cuando finó la batalla.
—¡"Rabia mate los mastines
que ladraron mi algarada!
¡Malhaya el viento serrano
que los huesos me traspasa!
¡Mala tierra eres, Castilla,
para finar la jornada!
Lobos habitan las cumbres,
castellanos las llanadas".—
En esto diciendo, el moro
llegó al portón de una casa;
al ventearle, en la cija,
los mastines le ladraban.
—¡Abrid las puertas, cristianos,
que el frío tengo en el alma!

Luego habréis de degollarme
si vuestra ley os lo manda.—
Salieron mozos y ancianos
con las hoces afiladas:
—¡Muere, muere, perro moro,
que las doncellas robabas!—
Habló la niña garrida,
éstas fueron sus palabras:
—Non le matéis, mis hermanos,
cautiva fui en su algarada,
cautivo mi corazón
junto con el suyo guarda.—
Dijo un abuelico anciano
con lumbres en la mirada:
—Non es tiempo de piedades
cuando aún las heridas sangran.
¡La segur que hendía espigas
agora siegue gargantas!—
La dulce niña garrida
bien por el moro lloraba;
non ha querido casar
con Pero Alonso el de Aranda,
aunque el coto de sus campos
de un vuelo el neblí no pasa.

IMPRESIÓN DE SEGOVIA EN INVIERNO

Han caído los lobos de la sierra
cerca del arrabal, sobre unos hatos;
dejaron, al huir, roja la tierra
de sangre de corderos y chivatos.
No le valieron al mastín sus hierros,
ni su alerta al pastor. Todo dormía
y oímos los ladridos de los perros
y unos aúllos en la lejanía.
Ha traído la nueva del pillaje,
después de amanecer, un pastor mozo;
¡aún temblaba de miedo y de coraje!,
¡aún lloraba la rabia del destrozo!
Hoy comienza a nevar; blanquea el cielo
y luego se deshace en copos leves;
la ciudad se engalana con el velo
de la casta Madona de las Nieves.

En las murallas y en las torres viejas
la nieve esfuma los contornos rudos,
tiende un tapiz real en las callejas
y marca un perfil blanco en los escudos,
y en las secas olmedas, al ramaje,
presta una vaguedad como de bruma,
y pone luz de ensueño en el paisaje
que en lontananza su blancura esfuma.
A la noche la luna esparce apenas
una vaga y difusa claridad;
toda blanca, detrás de sus almenas,
parece como muerta la ciudad.
Tan grande es la quietud y tan profundo
es el silencio y tan intenso el frío,
como han de ser cuando navegue el mundo
sin vida y sin calor por el vacío.
Sigue nevando aún y vacilante
nace la tenue claridad del día...
cuentan que se ha arrecido un caminante
que cruzaba el pinar de Navafría.

Es el aire tranquilo y transparente,
son de un azul purísimo los cielos,
se quiebra con mil luces el naciente
en las finas agujas de los hielos.
¡Mañanita de sol, clara mañana
que rebosas de luz y de alegría!
Los viejos pensarán en la solana
que es la vida muy dulce todavía.
El sol arranca un iris de reflejos
del huraño vitral de los balcones,
como jugando en los palacios viejos
alegra los sombríos portalones;
y en las nobles basílicas doradas
pule las tallas de las piedras bellas,
y hace añorar el sol de otras jornadas
a los guerreros y a los santos dellas.
El sol lleva la gente a los caminos
que van a la ciudad; acompasados
el andar y la voz, los campesinos
comentan de la mies y los ganados.
¡Carreteras de Cuéllar y Medina!
¡Caminos de Sepúlveda y Pedraza!

Parece que entre el polvo se adivina
la huella firme y honda de la raza.
Llegan del manso Eresma los rumores
de los batanes y de las aceñas
y gimen con agudos estridores
las pesadas carretas lugareñas.
El claro sol de las mañanas de oro
alegra las plazuelas provincianas.
Late en las forjas el metal sonoro
y vibra en el clamor de las campanas.
A la tarde en los sotos, cabe el río
—el río con sus chopos a la orilla—,
pasean los ancianos el hastío
de las viejas ciudades de Castilla.
Cuando esmaltan los picos de la sierra
los postreros reflejos vesperales,
tornan loando a Dios, que dio a su tierra
destas templadas tardes invernales.
La noche cae, muy limpia y sosegada,
destacan del azul los ventisqueros
de la Muerta; del cielo azul de helada
donde tiemblan de frío los luceros.

ROMANCE DEL PAJARERO

> *Érase un cazador, muy sotil pajarero...*
> *(Arcipreste de Hita.)*

Tardes de mayo florido
dulces son al buen amor;
las retamas de la sierra
vivas como fuego son;
cantuesos y tomillares
los aires llenan de olor;
los manzanos de los huertos
ramos han de linda flor;
los grillos hacen el coro
al ministril ruiseñor;
allá en los sotos del río
recostado está el garzón,
paje del rey muy amado,
que cuidaba del su azor.

Cazando está pajarillos
con redes que le tendió;
cimbeles ha puesto y liga
de las fuentes en redor.
Una niña está a su vera
más hermosa que no el sol;
contemplando está la caza,
la caza y el cazador.
Para no espantar las aves
callados están los dos;
en su torno, las abejas
hacen un sordo rumor.
Una tórtola ha bajado
a beber en el charcón;
el paje, cuando la ha visto,
la ballestilla tomó.
"Pajecico, no la mates,
no arrojes tu flecha, non;
que, aunque hieras a uno solo,
los muertos han de ser dos;
uno muerto de la herida,
otro muerto del dolor;
mancebo que tal hiciese
non será buen amador".
Estos decires, la niña
decía con mansa voz;
tiró la ballesta el paje
y en los ojos la miró:
¡Amor, que sabe de burlas,
ha flechado al flechador!

EL ACOSO

Aún el venado, sin cejar, corría;
aún derribó a un sabueso, enardecido;
cauteloso y mañero, aún ha sabido
apartar los monteros de su vida;

mas dímosle alcanzada en la Fonfría
y se detuvo al fin; alzó dolido
los dulces ojos, y cayó rendido
ante el feroz aullar de la jauría.

Cuando la trompa resonó triunfante,
nuestra dueña exclamó; ¡Pieza tan bella
tendrá, de manos reales, muerte honrosa!"

Tomó el cuchillo, se llegó hasta ella
y, herida ya, la res, agonizante,
lamió la mano tan cruel y hermosa.

AGUA DEL BALSAÍN

¡Agua del Balsaín, alegre y clara,
que engendra el sol, en su caricia pura
a la dormida nieve, que en la altura
relumbra, del canchal de Peñalara!

De bosques reales, que Diana ampara,
refleja en sus remansos la hermosura,
y al finar de la sierra la espesura
al manso Eresma su caudal depara.

Cantando baja por el caz somero;
salta en las presas, los batanes mueve,
y abreva los ganados de su orilla;

y, pues, hija del sol y de la nieve,
es buena y es piadosa, va hasta el Duero
regando la llanada de Castilla.

LUIS ANDRÉS HERNÁNDEZ GONZÁLEZ

CARPETO-VETÓNICA

¡Pinar gallardo que junto al río
oyes en linfa cantar tu fama;
pinar serrano, pinar bravío,
pinar solemne del Guadarrama!

¡Inmensa copa de rumor llena
que extiende en ramas a los confines
huracán rudo que nos atruena
o dulce brisa de violines!

¡Regatos donde se ven los cielos,
pinar que doran febeas lumbres,
pinar de riscos, pinar de hielos,
pinar de abismos, pinar de cumbres!

¡Pinar de corzos y peñascales,
pinar de abruptos despeñaderos,
pinar de helechos y manantiales,
pinar de sendas y ventisqueros!

¡Pinar que sientes en el regazo
del hacha viva las mordeduras...;
pinar gigante que con tu brazo
las nubes paras en las alturas!

¡Pinar en donde revuelta escucho
cantarte en loas apasionadas,
con el graznido del aguilucho,
a la rapsodia de las cascadas!

¡Pinar de tules en el ocaso;
pinar en bruma, de cendal leve;
bajo los soles, pinar de raso;
pinar de mármol bajo la nieve!

Oír le brindas a tus devotos
de un gran silencio la maravilla...
desde las Navas hasta los Cotos
y en los collados de Cercedilla.

Innumerable fuentina clara
que en las enhiestas cimas esquiva...
¡Vertebraciones de Peñalara,
de Siete Picos y Marichiva!

¡Pinar poblado por los sonoros
dejos de airosa canción serrana,
pinar en donde braman los toros
en la alegría de la mañana!

¡Mar de los pinos majestuoso,
eres del verde la sinfonía
en las Revueltas y en el Ventoso
y en los declives de la Fonfría!

¡Pinos sagrados de la vertiente,
en cuyos cuerpos sangrando he visto
la misma herida de amor ardiente
que en el costado sufriera Cristo!

¡Pinar gallardo que oyes al río,
sin vanidades, cantar tu fama!
¡Pinar serrano! ¡Pinar bravío!
¡Pinar solemne del Guadarrama!

FRANCISCO VIGHI

(1890-1962)

PEÑA SANTA

Pila de sal. El preste viste un alba de fiesta,
imitación calcárea de la nieve.
                         Es la peña.
El aro de la luna, nimbando su cabeza,
la santidad proclama. Es siempre blanca y bella,
de cal, de nieve y luna.
                    Ve el cielo, mar y tierra.
Atalaya de Asturias y de Castilla la Vieja.

¡Peña Santa! Las brumas arropan las laderas;
cencerros trashumantes te cantan y te alegran,
y estáticos te miran pastores y poetas.

AMANECER EN PEÑA LABRA

Saluda el primer trino
a la última estrella.
La voz del nuevo día
ha llamado a la puerta.

Islas blancas y verdes
flotan sobre la niebla.
¡Cumbres de Sierras Albas!
¡Cimas de Peña Prieta!

Por Campoo es rosa y oro
el cielo.
          Hacia la Liébana
van huyendo las sombras.
De las nieves cimeras
bajan en caravanas
arroyos de aguas nuevas.

Ya el buen sol campuriano
al horizonte trepa;
ya limpia los cristales
del paisaje.
Navega
nuestra mirada.
Al fondo
el mar cántabro cuelga
sus cortinas.
Al Sur
desenrollan su estera
amarilla los campos
de Castilla la Vieja.

Muge una vaca. Al valle
le ha nacido una aldea
perfumada de bruma
matinal, Piedrasluengas.

La mano del otoño
bendice las praderas
y las manos del viento
acarician la hierba.

FERNANDO FORTÚN

(1890-1914)

EL ZAGAL

El zagal su rebaño baja del monte y canta,
junto de una vaquera, bajo la tarde santa;
van dulcemente unidos; las manos en las manos;
se amaron sobre el césped y en los chozos serranos;
su yantar fue borona, agua y queso de ovejas;
compusieron sus juegos unas églogas viejas...
  Al llegar a la aldea se separan. El mozo
va a la heredad del amo, a solas con su gozo...
  En la cocina cuentan consejas los pastores,
mientras los viejos lobos vagan por los alcores...
  Después, en el establo, tibio, oscuro y hermoso,
oliendo a heno y estiércol, les espera el reposo...
  ¡Oh cabreros hermanos! En vuestros corazones
se ha reflejado el cielo de las cuatro estaciones,
  como en el agua pura y fragante del río;
y así de claro y limpio siento el corazón mío
  como el de este zagal, sin grandeza y sin ciencia,
pero arrastrando otra cotidiana existencia...
  El mozo duerme ya sobre el heno oloroso
el sueño que yo sueño tranquilo y silencioso.
  Y la mula y el buey, con su cálido aliento,
templan su cuerpo rudo, como en un Nacimiento
  las carnes sonrosadas de Jesús... Fuera, llueve.
Todo paz. En la granja, sólo el mastín se mueve.
  Cantan los gallos. Muge el buey en la penumbra.
El candil de una moza al pastor le deslumbra;
  viene a ordeñar las vacas. Y ¡oh despertar sonoro
en el establo abierto a los campos de oro!
  ¡Todo lleno de sol, de humedad, de rocío:
las ovejas, los prados, la sierra, el cielo, el río,
  las campanas del Angelus, temblando en el espacio,
y el valle, rubio y límpido como un claro topacio!

DICIEMBRE

Diciembre. Rueda el viento de los picos cimeros,
por entre los pinares, cayendo en la cañada.
Se reza junto al fuego pensando en los viajeros
perdidos en la noche y bajo la nevada.

La cabeza abatida y las manos sujetas,
rostro al viento, adelante por trochas y andurriales,
un cazador furtivo va, entre las escopetas
y los caballos machos de dos guardas rurales.

Es viejo ya... De mozo, como un celta ancho y rudo,
fue montero, y su vida, fuerte y fácil. Y en pago,
la miseria de ahora, el dolor grave, mudo...
Y una lágrima moja sus barbas de Rey Mago.

Su choza allá se borra entre encinas dobladas
bajo el fragor que ahora la ventisca renueva.
Sobre la tierra blanca se apagan sus pisadas.
Marcha, lo llevan lejos... Silencio. Nieva, nieva...

LAS VIEJAS SERRANAS

Halaga un dulce sol la tierra segoviana
que despierta en la hora matinal y aldeana;
y sobre la hosquedad ocre de la llanura,
la luz de abril sonríe con paternal dulzura.
Los lejanos hogares campesinos humean...
En el sendero se oyen voces que canturrean
una vieja tonada de neuma cansado;
son los tipos que pasan los días de mercado;
astrosas siluetas de las serranas viejas,
de recia encarnadura y pelambres bermejas,
que al trotecillo vivo de los buches cansinos,
con aroma de menta perfuman los caminos.
Los surcos de sus caras, áridas y terrosas,
tienen la pesadumbre de las tierras fragosas,
y una expresión broncínea, adusta, dura y fiera,
cual las antiguas mártires pintadas por Ribera.
Se cubren con vestidos toscos, burdos y pardos,
estameñas que tienen la aridez de los cardos,
siendo sobre las carnes cotidianos cilicios
que buscara un asceta por fuente de suplicios.

Figuras femeninas, de líneas asexuales,
que el trabajo ha agotado haciéndolas iguales,
y velan el misérrimo anuncio de su pecho
improductivo y triste como campo en barbecho.
Sus juventudes tienen la infecundez del llano
donde se siembra vida sin que germine el grano.
Son tipos primitivos de canciones de gesta
que dicen de otros siglos en épocas como ésta,
mostrando una existencia prístina, sana y fuerte,
donde es dolor la vida y libertad la muerte.
... Halaga un dulce sol la tierra segoviana
que despierta en la hora matinal y aldeana.

CANCIÓN DE CAMINO

Mariquita, María,
en ti pensaba
subiendo a la alta y dura
Peña de Francia.

Su ladera era verde
como tus sayas...
La ventolera
la meneaba,
y un corderico, blanco
como tu mano,
sobre el verde tendido
se reposaba.

Cuando te veo, siempre
miro a tu cara;
siempre miro a la cima
en la montaña...

Allá arribita
hay una casa roja
como tu boca
—¡ay, quien entrara!—
y allá más alta
la nievecita fría
como tu cara...
No ha habido ni habrá nadie
que la pisara...
¿Quién llegará a tu cumbre,
Peña de Francia?

Mariquita, María,
eres como la Virgen
de la Fuencalda;
te llama el caminante,
camino, caminito
de la montaña.

MIGUEL DE CASTRO

ORACIÓN EN LAS CUMBRES

> *Allí donde se goza en toda hora*
> *del dulce aliento de las auras suaves...*
> (Píndaro. Oda II.)

Yo he escalado las alturas de la Sierra en la mañana,
cuando pían las alondras en los canchos del erial
y de nimbos polícromos dora el Sol la tramontana,
y abril tañe en los robledos su siringa de cristal.

Era recio mi caballo y eran recias las encinas,
y entre aromas montaraces, era recio el corazón.
Todo sano, fuerte. El águila que hace nidos en las ruinas,
las abejas zumbadoras, que el trabajo hacen canción.

En el soto, los erales, persiguiendo a las novillas,
la viviente fortaleza pregonaban en su afán.
Y era amor el surco abierto, y el granar de las semillas,
y el murmullo de los hatos, y la copla del gañán.

A mis sienes, blandas brisas se ciñeron como un lauro
y la Vida me dio un beso con su boca de mujer, y,
sentí vagas caricias en mi espalda de centauro,
y un rosal de rosas rojas vi en mi ensueño florecer.

¡No ahogaréis mi afán de vida, pobres almas
pensadoras que el tirano inexorable de la duda encadenó!
De las cuentas invisibles del rosario de las horas
cada cuenta será un canto que al vivir alzaré yo.

Tengo abiertos los oídos a la voz de las sirenas;
los sentidos, al aliento de las rosas del rosal...
Al reír de las zagalas, bandos de aves son mis penas
que se bañan en luz rubia de crepúsculo auroral.

Corazón: coge los frutos de los huertos de la vida
y ama al mundo, como el genio que dictó el Eclesiastés.
Del valor, igual responden la victoria que la herida...
¡Y si lloras, eso ganas, ya que un mundo nuevo ves!

Abril tiende en las campiñas su tapiz de terciopelo.
Hasta mí sube el mugido de los toros del henar.
Las palomas de la ofrenda van volando por el cielo,
y las auras, como ninfas, me dan besos al pasar.

Mi pastora de los ojos del color de la esperanza.
En los árboles revientan los botones de la flor.
Paraísos terrenales surgir miro en lontananza,
y, enroscada, la serpiente lanza el silbo tentador.

Hay rumores en los trigos; cantilenas, en el prado,
y tu seno se alza y se hunde como pájaro en rosal.
Recostada sobre el heno, nueva Cloe, te han rozado
las dos alas invisibles de un pecado capital...

... ¡Yo no sé de pesimismos, almas blancas de las rosas!
Desde lo alto de estas cumbres, mayo al campo llegar vi,
y sus tibias alboradas eran senos de unas diosas,
que, desnudas entre rosas, se acercaban hasta mí.

MI VAQUERA

Ábreme tu corazón,
serrana que eres hermana
de aquella que quiso Antón,
el vaquero de Morana.

Torna alegre el ceño esquivo
y hábleme tu voz gentil,
más gaya que el leimotiv
de los bosques por abril.

Bajo estas selvas tranquilas
gozaré tu primavera
mientras tañe sus esquilas
la vacada en la ladera.

Para regalar tu oído
yo haré un albogue de caña
que alegre con su sonido
las tardes de la montaña.

Guárdote, tras de esas lomas,
si tu amor no lo desdeña,
un lecho que huele a pomas
en un lar que huele a ordeña.

Y allá por Santa María,
un amanecer risueño
nos verá haciendo la vía
que lleva a Calatraveño.

A las mozas, mi vaquera,
darás envidia a mansalva,
montada en la delantera
de mi yegua de Peñalba.

¡Decid—diré yo al pasar—,
pastores de romería,
decid si hay en el lugar
vaquera como la mía!

LA MAÑANA DE LA SIERRA

¡Qué bonita está la Sierra
bajo el Sol de la mañana,
con sus cumbres coronadas por la nieve,
con sus riscos relucientes por la escarcha!

Yo he escalado las alturas de los montes
caballero en veloz jaca,
aspirando los efluvios mañaneros
que jarales y tomillos derramaban.
Yo he bebido en los regatos cristalinos
de las húmedas cañadas
donde buscan los rebaños su reposo,
donde encuentran sus espejos las zagalas.

Yo he corrido tras las hábiles vulpejas
por las lóbregas barrancas
donde ocultan sus nidales los lobeznos,
donde esconden su rencor las alimañas.
Yo he subido hasta las cúspides bravías
donde el Sol y la alba nieve se besaban;

donde fingen áreas músicas los céfiros
que idealizan los idilios de las águilas.

En la paz de los barbechos amarillos
de la mística llanura castellana
se sentían cantilenas pastoriles
que elevábanse hasta el cielo cual plegarias.
De la torre de la próxima abadía
vino el lento repicar de una campana
y a su ruido se espantaron las palomas
que en los blancos palomares se arrullaban
y veloces remontáronse aturdidas
al volar batiendo palmas.
  ¡Qué bonita está la Sierra
  bajo el Sol de la mañana!,
  ¡qué paisajes los que muestra!,
  ¡qué secretos los que calla!

En las cimas gigantescas de las cumbres
sentí locas sensaciones ignoradas
viendo un cielo tan azul sobre mi frente,
viendo un campo tan feraz bajo mis plantas.
Y en mi pecho de centauro redivivo
sentí todas las potencias agolpadas
y por mi alma galoparon las pasiones
como potros desbocados por las Pampas.
Y soñé con el amor de una bravía,
  recia moza castellana,
que tuviese el sano olor de los romeros
y tuviese el mirar vivo de las águilas;
una moza que inspirase mis cantigas,
más risueñas que las gráciles serranas
que escucharon acá en Navalagamella
los decires del Marqués de Santillana.

En la Sierra el corazón se torna recio
como el tronco de una encina centenaria.
En las cumbres nos invade ese optimismo
que es como un caudal de amor que se derrama
con reír de regatuelos
y con música de esquilas en las almas.

ALLENDE EL VERDE PINAR

Flores apparuerunt in terra nostra...
(Cantar de los Cantares. Cap. IV.)

Galatea, Galatea,
la tu frente pudorosa
luce el candor de una rosa
del jardín de Arimathea.

Ven, que prados y campiñas
enfloró mayo galán,
y entre el verdor de las viñas
suena el albogue de Pan.

El sol dio al campo tempero
con su vital quemazón,
e hizo regato el nevero
de los montes de León.

Buena cosecha habrá hogaño...
tendrá el labriego reposo,
pasto abundante el rebaño
y la mesa pan sabroso.

Miraremos se internar,
la pastora y el pastor
allende el verde pinar,
caminico del amor.

Y yo beberé ambrosías
en tus mejillas villanas,
al sol de los claros días
de estas tierras castellanas.

Sobrará en nuestro mantel
(blanco, de fino algodón)
de la Alcarria rica miel
y queso de Villalón.

Calzarás chapín de hebilla
charolado y media blanca,
corpiño negro y mantilla
mercados en Salamanca.

... Pastora, la mi pastora,
mayo encendió amor en ti,
que ayer no te vía un hora
y hoy no te apartas de mí;

y bajo el corpiño grana,
que tiene calor de nido,
no muestras, bella villana,
lo que amor quiere escondido.

No del amor tu amor huya,
Galatea, Galatea,
como el de la hermana tuya
de la canción de Nerea.

Corrámonos a internar,
pastora de tu pastor,
allende el verde pinar...
¡Caminico del amor!

EMILIO MUÑOZ

LA HERMOSA AGUA

Tras de la altiva cumbre, que finge alzarse al cielo,
fina gasa de bruma flota y asciende audaz;
veloz el viento, extiende los pliegues de aquel velo;
sus sombras cruzan rápidas por el ardiente suelo
y, a poco, el sol recoge de su melena el haz.

Con ansias impacientes de fiel enamorada
que, tras la ausencia triste, recobra ya su amor,
de los odres que vuelca pródiga la nubada
bebe el tesoro líquido la tierra y, ya saciada
su sed, devuelve al día la luz y el esplendor.

La lluvia deja un rastro de gérmenes vitales
que, por las limpias hojas, consiguen respirar,
como los seres todos, los mustios vegetales;
de arañas invertidas de trémulos cristales,
que enciende el sol, los árboles parece disfrazar.

Si el fruto de la nube se hace nieve, la altura
—como el tiempo, del hombre que avanza hacia el morir
la testa venerable—corona de blancura,
o, como casta virgen, encierra su hermosura
en simas, de las cuales ya nunca ha de salir.

Del fuego del verano la libra el ventisquero
y, cuando de su fondo se va, por acrecer
de arroyos y de fuentes el cauce y el venero,
se filtra por recóndito, por lóbrego sendero
y, sólo transformada, la luz la vuelve a ver.

Del cielo y de los bosques se torna espejo errante,
y en la canción confusa del humilde raudal,
almas enamoradas de un mito ya distante,
aun piensan que se escucha la dulce voz fragante
de los genios que habitan bajo el claro cristal.

Ya transformado en río, al sumarse a su faja,
propicios elementos para su vida en él
múltiples seres hallan; el despeñado baja
regido por el hombre, titánico trabaja;
si es su ribera hermosa, retrátala el pincel.

Como la vida humana anégase en la muerte
las aguas de los ríos se pierden en la mar;
y como el alma, libre de la materia inerte,
busca en los altos cielos su verdadera suerte,
así, en nubes asciende, su cielo a renovar.

RAFAEL ALBERTI

(1901-1999)

EL PINO VERDE

PRÓLOGO EN LA SIERRA

Mi corazón, repartido
entre la ciudad y el campo.

¡Luminarias de la noche!
¡Mis verdes sauces llorones!

¡Hay claras confiterías
de anises y de piñones!

¡El olor a trementina,
a suave alcol de romero,
del bosque!

¡Novia azul en la baranda
de los últimos balcones!

¡Novia del monte,
pobre!

BALCÓN DEL GUADARRAMA

(De tres a cuatro)

Hotel de labios cosidos,
de párpados entornados,
custodiado por los grillos,
débilmente
conmovido por los ayes
de los trenes.

El tren de la una...
el tren de las dos...
El que va para las playas
se lleva mi corazón.

Con la nostalgia del mar,
mi novia bebe cerveza
en el coche-restorán.

La luna va resbalando,
sola, por el ventisquero.
La luciérnaga del tren
la luciérnaga del tren
horada el desfiladero.

De mí olvidada, mi novia
va soñando con la playa
gris perla del Sardinero.

CORREO

CARTA

¿De dónde ha venido?

Carta tengo.
¿De quién será?

Un sello trae, de España,
sellado en puerto de mar.

—*Regata de las banderas.*
Doce lanchas cañoneras,
haciendo salvas alba
de S. M. la Reina.

Cucaña, en el río.
Casetas de feria.
Girando, los tíos-vivos.
¡Luz del último cohete!—

(¡La novia que se divierte!)

LA SIRENA DEL CAMPO

Sonámbula, la sirena.
¡Seguidla por la ladera!

—Bajo la verde lluvia de dos sauces,
sola, una hamaca que columpia el aire.—
Duerme, sirena del valle,
hija de la madre selva;
tus trenzas de perejil
se te enreden por la hierba.

El esquilón del buey padre
de la hora de la siesta.

Bajo la verde lluvia de dos sauces,
sirena muerta, te columpia el aire.

SOLA

La que ayer fue mi querida
va sola entre los cantuesos.
Tras ella, una mariposa
y un saltamonte guerrero.

Tres veredas:
mi querida, la del centro;
la mariposa, la izquierda;
y el saltamonte guerrero,
saltando, por la derecha.

AYER Y HOY

Novia ayer del pino verde,
hoy novia del pino seco;
greñas ayer para el aire,
hoy senectud para el viento.

Ayer

Cuando ibas a la ermita,
pastora de los altares,
calladas, las mariquitas
bajaban de los pinares.

La del más limpio escarlata,
de negros puntos clavado,
era alfiler de corbata
en tu corpiño encarnado.

Hoy

Nido de orugas;
silencioso espantapájaros,
arado el cuerpo de arrugas.

¡A VOLAR!

Leñador,
no tales el pino,
que un hogar
hay dormido
en su copa.

—Señora abubilla,
señor gorrión,
hermana mía calandria,
sobrina del ruiseñor;
ave sin cola,
martín-pescador,
parado y triste alcaraván;

¡A volar,
pajaritos,
al mar!

MI AMANTE

Mi amante lleva grabado,
en el empeine del pie,
el nombre de su adorado.

—Descálzate, amante mía;
deja tus piernas al viento
y echa a nadar tus zapatos
por el agua dulce y fría.

MI AMANTE

Amada del metal fino,
de los más finos cristales.

—¿Quién la despertará?
—El aire,
sólo el aire.

MI CORZA
En Ávila, mis ojos...

(Siglo XV)

Mi corza, buen amigo,
mi corza blanca.

Los lobos la mataron
al pie del agua.

Los lobos, buen amigo,
que huyeron por el río.

Los lobos la mataron
dentro del agua.

LA AURORA

La aurora va resbalando
entre espárragos trigueros.
Se le ha clavado una espina
en la yemita del dedo.

—¡Lávalo en el río, aurora,
y sécalo luego al viento!

TRENES

A Ernesto Halffter

Tren del día, detenido
frente al cardo de la vía.

—Cantinera, niña mía,
se me queda el corazón
en tu vaso de agua fría.

Tren de noche, detenido,
frente al sable azul del río.

—Pescador, barquero mío,
se me queda el corazón
en tu barco negro y frío.

San Rafael (Sierra del Guadarrama).
Verano 1924.

LUIS CALATAYUD BUADES

PINOS

Los pinos que se arraigan
en los gruesos lomazos
de la árida campiña,
como eternos hermanos
han unido sus copas,
tendiendo espeso manto
de verdor cambiante,
tierno, aterciopelado.
Unos, los más gigantes,
los pinos centenarios,
formaron el boscaje,
de senderos cruzado,
que puebla el bajo monte.
Otros, pinos enanos,
trepan por los repechos,
llenan los altozanos
destacando sus troncos
de perfiles fantásticos
y sus copas en disco
en el cielo azul, zarco.
Sólo a la altura llegan
de los altos picachos

los pinos vigorosos,
los pinos solitarios
que no temen la noche;
los pinos secos, ralos,
eternos soñadores;
pinos desmelenados
que, con robustas garras
asidos a los canchos,
dan sus ramas al viento
que las tortura airado,
o las dejan dormidas
en un dulce letargo,
bajo el sol deslumbrante.
Son pinos que elevaron
su vida hasta la cumbre
y allí están contemplando
la verdeante alfombra
del pinar ondulado
que traspone la sierra
por el confín lejano
entre la densa bruma
de su vaho fuerte y cálido.

NIEVE EN EL GUADARRAMA

El invierno ha tendido
como un manto de plata
sobre las altas cumbres
del alto Guadarrama.
La nieve ya ha cubierto
sus crestas elevadas,
sus puertos, sus vertientes
y sus laderas ásperas.
Un día descendieron
espesas nubes blancas
del pico gigantesco
que llaman Peñalara,
y flores de los campos
y fuentecillas claras

en un helado yermo
quedaron sepultadas.
Y aquellos pajarillos
que el paraje alegraban
cantando entre sus pinos,
saltando en su retama,
a la ciudad tendieron
el vuelo de sus alas.
¡Cuán frío y despoblado
quedose el Guadarrama!...
Allá a lo lejos brilla
con reflejos de plata,
cubierto por la nieve
que hiela sus entrañas.

MONTAÑAS

Se yerguen las montañas altivas, poderosas,
coronadas sus cumbres por las crestas rocosas
que enhiestas se levantan hacia la inmensidad,
escalando las nubes que en el espacio ruedan,
y que al cruzar los altos como clavadas quedan
ocultando del cielo la azul diafanidad.

Levanta el gran picacho su arista formidable,
los flancos azulados con su matiz mudable,
teñidas sus vertientes de rosado arrebol.
Mientras la baja sierra se muestra limpia y clara
y sobre sus laderas parece señalara
como un lunar enorme la tibia luz del sol.

Sobre las hojas secas de la robleda muerta,
que llenan la campiña desolada y desierta,
iluminada a trechos por blanca y viva luz,
van pasando las sombras que ligeras se empujan,
se apresuran, se hacinan, se confunden, se estrujan,
extendiéndose informes con incierto trasluz.

Entre los altos montes y las ariscas peñas
se van acumulando hostiles y cenceñas,
apresurando el triste y oscuro atardecer.
Al soplo de los cierzos parece que se crecen
y que hasta las entrañas de la tierra estremecen
con fuerte, incontrastable y soberbio poder.

Como manchones negros parecen en su falda
los setos y los prados que fueron de esmeralda,
llenando los oteros de vida y de color.
Ya son improductivas sus vastas parameras,
y son sus arroyuelos y fuentes torrenteras
que sus vallejas cruzan con sórdido rumor.

¡Negras nubes siniestras de pesadez de plomo!
Arraigad en las cimas y rodad por el lomo
de la montaña yerta en letargo invernal,
hasta que otra vez llegue la primavera hermosa
en que alzará a los cielos, radiante y majestuosa,
su prodigioso manto de nieve y de cristal.

CAMINO DE ASTURIAS

Camino que lleva a Asturias,
camino penoso y luengo
por la montaña leonesa,
entre ventiscas y cierzos,
que más que segura vía
parece un atajo incierto,
descendiendo a los abismos,
subiendo a elevados puertos.
La llanura de Castilla
es consolador recuerdo
caminando en estos valles
de sombras que causan miedo,
que si aquélla es monda y seca,
como páramo desierto,
son éstos montes adustos
nieve de perpetuo invierno.

Camino que llega a Asturias,
más alegre y más risueño,
pródigo de brisas sanas
y panoramas extensos,
cuando ondulante atraviesa
los astures pirineos
cabe los Picos de Europa
que descubren a lo lejos
sus altas cumbres heladas
y quebrados ventisqueros;
cuando desciende a Sajambre,
penetrando en los hayedos,
entre brezos y retamas,
entre gigantes helechos
para perderse en las sombras
de la hondura de "Los Veyos";
paraje agreste que el Sella
va animoso recorriendo,
porque en lo alto vislumbra
la esperanza de otro cielo,
hasta salir a los prados
de verdor siempre cubiertos,
a la alegre pomarada

y al blanco molino aceño,
que en el castañar se sienta
sobre el cauce de un riachuelo.

Franco camino de Asturias,
exuberante y ameno
cual luminoso paisaje
que nos saliera al encuentro
brindándonos la sonrisa
de su ambiente placentero;
sonrisa de aquella tierra,
que es feraz y lindo huerto,
y canto de pajarillos
y música de arroyuelos.

SIERRA MORENA

Bella serranía
de verdor intenso,
linde que separa
los llanos inmensos
de la ancha Castilla
y el hético suelo,
como hecha de flores
de aromoso incienso.
Sierra que es campiña
de lindos oteros
poblados de robles,
encinas y brezos,
de honduras frondosas,
de vados risueños
cubiertos de adelfas,
de jaras y enebros,
junto a la corriente
de sus arroyuelos;
de tajos profundos,
barrancos desiertos,
de peñas bravías

y riscos cimeros
que al abismo asoman
doblando a su peso;
de alcores floridos,
de pintados cerros,
de casitas altas
de blancos reflejos,
de incógnitas sendas,
y valles amenos
de angosturas breves,
abrigo que fueron
de brava majeza
en pasados tiempos.
Sierra encantadora
donde el sol es fuego,
murmullo la brisa
y caricia el viento.
Sierra luminosa
donde da comienzo
la tierra bendita del
más alto cielo.

FERNANDO HERNÁNDEZ ESPOSITÉ

LEJANÍA

El pueblo. Arriba, la luna de enero.
De día, la calle, pina de guijarros,
lanza hasta mi ventana el lastimero
chirrido de los ejes de los carros.

Cuando anochece, desde la Herrería,
se ven brillar las luces de la corte,
y siguiendo el bostezo de la vía,
la meseta de Ávila, hacia el Norte.

Trae fragancias de jara el viento grato
y en el filo nocturno del alero
ríe la sombra emblemática de un gato
sobre el fondo encalado de un lucero.

Bajo la copa sideral, que encierra
todos los ecos del silencio mago,
invoca su oración de agua de sierra
la fuente de la plaza de Santiago.

La calle, seca de rumor de gente,
guía un punto a la turba vocinglera
que camina cantando la inconsciente
banalidad de una canción cualquiera.

¡Bah, mañana es domingo! Horas gentiles.
Entre los días, mañana es ese día
en que a la obra no van los albañiles
ni el carpintero a la carpintería.

Otra vez la quietud. En esta villa
no pasa nunca nada extraordinario;
mucha iglesia, buen sol, vida sencilla,
mi bastón y el paisaje solitario.

Castilla está aquí entera. Voz bravía,
sobre los montes, peñas y retama,
y agrios poblados en la serranía:
Zarzalejo, Robledo, Guadarrama...

¡Y el mar, mi blando mar de Sur, tan lejos!
El viento de estos pinos de Castilla
vio a mi infancia correr tras los cangrejos
en las rocas saladas de la orilla.

Por las noches, el gajo diamantino
que abría el cuchillo de la Luna llena,
sobre el campo del agua era un camino
florecido de escamas de sirena.

Bajo esta amable evocación, que roba
su ritmo al canto del reloj austero,
se encienden en el lecho de mi alcoba
las luces rojas del embarcadero.

Vuelos de gaviotas; fina raya
tras el timón de las barcas pesqueras;
el sol mediterráneo de la playa
y el azul de las blusas marineras.

Y el recuerdo de aquella hembra espigada
que buscaba caracoles vacíos
en la espuma del mar, crucificada
por la quilla de todos los navíos...

Alborea. La imagen presentida
en oro, leche y rosa se convierte,
cuando el negro laúd rompe la huída
de retorno a las islas de la Muerte.

Salta la luz el monte y se desgarra.
Hoy buscaré un zarzal entre las peñas,
y sobre el gris tejado de pizarra
me haré este invierno un nido de cigüeñas.

Y para andar, abarcas de cabrero.
Dios quiso que granase esta semilla,
y en el rojo taller del alfarero
el alma tomó el molde de la arcilla...

GLOSA DEL ARCIPRESTE

Cantiga de vaquera. La evocación inflama
su corazón senil de un dulce desvarío
cuando surge en su mente, que ensueña el Guadarrama,
la sombra de Gadea de Riofrío.

Andaba Juan Ruiz caminos de Castilla
—Segovia, Ávila, Burgos, tal vez, Guadalajara—
cuando estrelló el ocaso—cántaro y tonadilla—
la moza que al marqués en la sierra encantara.

Ramas de olivo en flor maduraron la arcilla
y el águila carnal, del agrio fruto avara,
sembró en el andariego la bíblica semilla
que al buen Moisés la tierra de Promisión quitara.

Ya en su casa—hembra amable, calor, buena despensa—
glosando la aventura, el Arcipreste piensa
que para tales lances va siendo viejo ya...

Calla Trota-Conventos. En la noche sombría,
llama un bronce a maitines desde Santa María
y el sol muere en las místicas callejas de Alcalá.

ESTAMPA DEL XVIII

Alegre ritmo de tarantela
que en marfil de humo se disipó.
Tapiz eglógico de pastorela,
y en el concierto, Rembrandt, Watteau.

La Granja es una lírica sorpresa
sobre este áspero suelo de Castilla,
donde habló la gentil musa francesa
con un ritmo español de tonadilla.

Gimen las fuentes y el misterio cesa
cuando narra su voz de maravilla
la congoja pueril de una marquesa
viendo arder una boca en su mejilla.

Bajo estas frondas que el Palacio abarca,
cierta vez, La Tremouille habló al Monarca
de Versalles, del Louvre, del Trianón...

Y por primera vez sonó aquél día,
llena de una mortal melancolía,
la risa regia del primer Borbón.

RESPONSO URBANO A LA SOMBRA DEL MONASTERIO

El jardín de los Frailes, que colora
un sol enfermo de vacilaciones,
acusa en la otoñal paz de la hora
una nostalgia antigua de canciones.

De poemas infantiles en el coro,
pues faltan sólo en la acuarela urbana
una fuente y los árboles de oro
de una vieja alameda provinciana.

Octubre. Lanza Guadarrama el viento
que perfumó de pinos en su falda,
y el boj alisa, bajo el peine lento,
su arquitectura inmóvil de esmeralda.

Unos paseantes miran, allá en lo hondo
la encantada laguna de cristal,
viuda de cisnes, pero en cuyo fondo
tiene un temblor de gracia El Escorial.

Las horas cuando pasan, una a una,
se hacen sangre al rozar con sus aristas.
Tal vez anoche se mató la Luna
en el Patio de los Evangelistas.

¡Oh, cuánta paz! San Agustín, Prudencio...
Cesó, al ponerse el sol, el griterío,
y en la piedra la luz se hizo silencio
ante esta grave dársena de hastío.

Pronto será de noche. Ante el misterio
de estos líricos campos desolados,
el rostro mediodía del Monasterio
ha abierto sus mil ojos asombrados.

Llena de azul el alma, que hoy despierta
Tomás de Kempis con sus confesiones,
cruza por los senderos de la huerta
un monje con su libro de oraciones.

Hay un rumor de llaves agitadas.
Cuando se marchan las últimas gentes
recoge el triste son de sus pisadas
la Galería de Convalecientes.

Y al cerrar guía su mirada inquieta
el guarda—tercerola en el costado—
hacia el hierro mortal de la veleta
donde un jirón de niebla se ha enganchado.

EL GAMO INMÓVIL

Por si abril viene o no viene,
la hierba de Riofrío
se esponja en lunas de nieve.

Entre las encinas verdes
saltan los gamos en celo.
Hocicos de rosa y fiebre.

Cara al amor, se acometen;
el asta ardiendo de brisa
y el invierno entre los dientes.

Sólo un gamo no se mueve.
Aquel que se está en la orilla
mirándose en la corriente.

En tres patas se sostiene.
Le hirió una bala de plomo.
Sobre tres patas, se muere.

Porque el llanto no le queme
le riega un lucero blanco
la canela de la frente.
Un cuervo volando viene.
—Te trae un muletín de plata
con regatón de claveles...

—Antes de que el cuervo llegue
ya ha hecho el barro de Segovia
la almohada para mi muerte.

El río deshoja el relente
y en los puñales del viento
sangra la luz que amanece.

¡Ay, qué funeral de pólvora,
gamo mío, cuando te encuentren
los perros del guardabosque
muerto debajo del puente!

LUIS ANDRÉS

SIETE PICOS

Tiene una extraña sugestión de encanto
cuando la aurora por Oriente llama,
esta cima que es clave y que preside
todo el épico y fuerte Guadarrama.
Los siete ganchos célebres se velan
tras una nube que, como una gasa,
cae al anfiteatro en colgaduras
que arriba las sostienen y taladran
—banderas de la paz del Romancero—
los filos de las siete partesanas.

Entre las agrias piedras se contempla
un soberbio azul bruma que resbala
y llega a la ribera del arroyo
junto a los pinos verdes y las jaras.
En el cénit, dos puntos matemáticos
se acercan y se alejan con cachaza.
La altura, debe ser...
                          —Sí, sí; es la altura
que no deja ver bien a las dos águilas...

Un tren baja humeando densamente
de la peña Peñota por la falda.
Una mujer de blancos pies desnudos
anima la pereza de unas vacas,
que trotan y golpean sus ijares
con las tetas rosadas.

Se respira una paz que es inefable,
orea un frescor grato nuestras caras,
se bañan de esta brisa las pupilas
y un tibio bienestar alegra el alma.
Un estruendo se escucha prolongado,
y hacia una de las más ocultas ramas
de un chaparro, volando la jauría
la pieza muerta entre ladridos saca.

Una moza en el claro riachuelo
mientras enjuga un blanco lino, canta,
y a su tierna canción agradecida,
pulsa su lira el agua...

JOSÉ MARÍA BOADA

NO LO SÉ

Yo no sé lo que siento
cuando desde la cumbre solitaria
contemplo en el silencio del espacio
la llanura extenderse, abierta y parda.
Yo no sé lo que siento
en el peñón desnudo, cuando cae
con suave calma el resplandor del día,
y agoniza la tarde.
Yo no sé lo que siento
en el sublime y misterioso instante
en que envuelve a la tierra el claroscuro
de la luz que se va, y el cielo que arde.
Yo no sé lo que siento
cuando aspiro en la cima el puro aire,
y la paz de la altura me rodea,
y miro el cielo inmenso, dilatarse.
Yo no sé lo que siento
en la mística hora en que se esparce
el sueño augusto que a Natura envuelve,
y hace más hondo su silencio suave.
Yo no sé lo que siento;
no sé lo que tendrá de bello y grande,
que el corazón al verlo se hace niño,
y llora en mi alma su sentir infante.

ILDEFONSO MANOLO GIL

VAMOS A LA SIERRA

(INFANTIL)

Vamos a la sierra,
que nevó ayer tarde
y habrá mucha nieve.
Correremos mucho
y con nieve haremos
monigotes grandes.
¡Verás, tita Luisa,
lo bien que nos sale!
La haremos muy gorda,
muy gorda y muy fea,
para que se enfade.
Luego nos pondremos
patines muy grandes.
Yo saldré corriendo;
tú irás a pillarme,
y me besarás
en cuanto me alcances.
Lo mismo que Nita
con su novio hace.

¡Vamos a la Sierra,
Luisín, y juguemos
como los mayores!

J. GARCÍA MERCADAL

ELOGIO DEL MONTAÑÉS...

Yo no sé qué de grande,
de noble y de altanero,
descubrí entre los hombres
que habitan la montaña,
residuo perdurable
de un pasado guerrero,
de aquel tiempo lejano
en que era fuerte España.
Bajo el tosco vestido
de la montaracía,
y en el resuelto porte
de aquella grey austera,
se denuncia el aliento
de la vieja hidalguía,
y germinan empeños
de una hueste guerrera.
Hombres de las ciudades,
vanidosos y necios,
que os creéis poseídos
de un poder soberano,
al regir los destinos
de la patria, imponiendo
normas de democracia
que usáis como tiranos,
salid de vuestro oásis,
buscad las altas tierras
que el huracán cepilla
y las nieblas empañan,
y hallaréis unos hombres
de condición humilde,
con su tesón capaces
de hacer de nuevo a España.

EL CRÍTICO y EDITOR - Juan Bautista Bergua

Juan Bautista Bergua nació en España en 1892. Ya desde joven sobresalió por su capacidad para el estudio y su determinación para el trabajo. A los 16 años empezó la universidad y obtuvo el título de abogado en tan sólo dos años. Fascinado por los idiomas, en especial los clásicos, latín y griego, llegó a convertirse en un célebre crítico literario, traductor de una gran colección de obras de la literatura clásica y en un especialista en filosofía y religiones del mundo. A lo largo de su extraordinaria vida tradujo por primera vez al español las más importantes obras de la antigüedad, además de ser autor de numerosos títulos propios.

Su librería, la editorial y la "Generación del 27"

Juan B. Bergua fundó la Librería-Editorial Bergua en 1927, luego Ediciones Ibéricas y Clásicos Bergua. Quiso que la lectura de España dejara de ser una afición elitista. Publicó títulos importantes a precios asequibles a todos, entre otros, los diálogos de Platón, las obras de Darwin, Sócrates, Pitágoras, Séneca, Descartes, Voltaire, Erasmo de Rotterdam, Nietzsche, Kant y los poemas épicos de La Ilíada, La Odisea y La Eneida. Se atrevió con colecciones de las grandes obras eróticas, filosóficas, políticas, y la literatura y poesía castellana. Su librería fue un epicentro cultural para los aficionados a literatura, y sus compañeros fueron conocidos autores y poetas como Valle-Inclán, Machado y los de la Generación del 27.

El Partido Comunista Libre Español y las amenazas de la izquierda

Poco antes de la Guerra Civil Española, en los años 30, Juan B. Bergua publicó varios títulos sobre el comunismo. El éxito, mucho mayor de lo esperado, le llevó a fundar el Partido Comunista Libre Español que llegaría a tener mas de 12.000 afiliados, superando en número al Partido Comunista prosoviético oficial existente. Su carrera política no duró mucho después que estos últimos le amenazaran de muerte viéndose obligado a esconderse en Getafe.

La Censura, quema de libros y sentencia de muerte de la derecha

Juan B. Bergua ofreció a la sociedad española la oportunidad de conocer otras culturas, la literatura universal y las religiones del mundo, algo peligrosamente progresivo durante esta época en España.

En el 1936 el ejército nacionalista de General Franco llegó hasta Getafe, donde Bergua tenía los almacenes de la editorial. Fue capturado, encarcelado y sentenciado a muerte por los Falangistas, la extrema derecha.

Mientras estuvo en la cárcel temiendo su fusilamiento, los falangistas quemaron miles de libros de sus almacenes por encontrarlos contradictorios a la Censura, todas las existencias de las colecciones de la Historia de Las Religiones y la Mitología Universal, los libros sagrados de los muertos de los Egipcios y Tibetanos, las traducciones de El Corán, El Avesta de Zoroastrismo, Los Vedas (hinduismo), las enseñanzas de Confucio y El Mito de Jesús de Georg Brandes, entre otros.

Aparte de los libros religiosos y políticos, los falangistas quemaron otras colecciones como Los Grandes Hitos Del Pensamiento. Ardieron 40.000 ejemplares de La Crítica de la Razón Pura de Kant, y miles de libros más de la filosofía y la literatura clásica universal. La pérdida de su negocio fue un golpe tremendo, el fin de tantos esfuerzos y el sustento para él y su familia...fue una gran pérdida también para el pueblo español.

PROTEGIDO POR GENERAL MOLA Y EXILIADO A FRANCIA

Cuando General Emilio Mola, jefe del Ejército del Norte nacionalista y gran amigo de Bergua, recibe el telegrama de su detención en Getafe intercede inmediatamente para evitar su fusilamiento. Le fue alternando en cárceles según el peligro en cada momento. No hay que olvidar que durante la guerra civil, los falangistas iban a buscar a los "rojos peligrosos" a las cárceles, o a sus casas, y los llevaban en camiones a las afueras de las ciudades para fusilarlos.

–El General y "El Rojo"–Su amistad venia de cuando Mola había sido Director General de Seguridad antes de la guerra civil. En 1931, tras la proclamación de la Segunda República, Mola se refugió durante casi tres meses en casa de Bergua y para solventar sus dificultades económicas Bergua publicó sus memorias. Mola fue encarcelado, pero en 1934 regresó al ejército nacionalista y en 1936 encabezó el golpe de estado contra la República que dio origen a la Guerra Civil Española. Mola fue nombrado jefe del Ejército del Norte de España, mientras Franco controlaba el Sur.

Tras la muerte de Mola en 1937, su coronel ayudante dio a Bergua un salvoconducto con el que pudo escapar a Francia. Allí siguió traduciendo y escribiendo sus libros y comentarios. En 1959, después de 22 años de exilio, el escritor regresó a España y a sus 65 años comenzó a publicar de nuevo hasta su fallecimiento en 1991. Juan Bautista Bergua llegó a su fin casi centenario.

Escritor, traductor y maestro de la literatura clásica, todas sus traducciones están acompañadas de extensas y exhaustivas anotaciones referentes a la obra original. Gracias a su dedicado esfuerzo y su cuidado en los detalles, nos sumerge con su prosa clara y su perspicaz sentido del humor en las grandes obras de la literatura universal con prólogos y notas fundamentales para su entendimiento y disfrute.

Cultura unde abiit, libertas nunquam redit.
Donde no hay cultura, la libertad no existe.

LA CRÍTICA LITERARIA
www.LaCriticaLiteraria.com

Todo sobre literatura clásica, religión, mitología, poesía, filosofía...

La Crítica Literaria es la librería y distribuidor oficial de Ediciones Ibéricas, Clásicos Bergua y la Librería-Editorial Bergua fundada en 1927 por Juan Bautista Bergua, crítico literario y célebre autor de una gran colección de obras de la literatura clásica.

Nuestra página web, LaCriticaLiteraria.com, es el portal al mundo de la literatura clásica, la religión, la mitología, la poesía y la filosofía. Ofrecemos al lector libros de calidad de las editoriales más competentes.

LEER LOS LIBROS GRATIS ONLINE
www.LaCriticaLiteraria.com

La Crítica Literaria no sólo está dedicada a la venta de libros nacional e internacional, también permite al lector la oportunidad de leer la colección de Ediciones Ibéricas gratis online, acceso gratuito a más que 100.000 páginas de estas obras literarias.

LaCriticaLiteraria.com ofrece al lector un importante fondo cultural y un mayor conocimiento de la literatura clásica universal con experto análisis y crítica. También permite leer y conocer nuestros libros antes de la adquisición, y tener la facilidad de compra online en forma de libros tradicionales y libros digitales (ebooks).

Colección La Crítica Literaria

Nuestra nueva **"Colección La Crítica Literaria"** ofrece lo mejor de los clásicos y análisis de la literatura universal con traducciones, prólogos, resúmenes y anotaciones originales, fundamentales para el entendimiento de las obras más importantes de la antigüedad.

Disfrute de su experiencia con nosotros.

www.LaCriticaLiteraria.com

www.ingramcontent.com/pod-product-compliance
Lightning Source LLC
Chambersburg PA
CBHW031826090426
42741CB00005B/151